Sustento de vida

©Sustento de vida

César Aybar

Publicado por: Editorial Bien-etre.

Ilustrador: Chistian Rafael Castillo Suazo.

Diseño de portada: Mary Pérez

Diagramación: Karla A. Bidó Mateo

ISBN: 978-9945-636-75-8

Edición: Editorial Bien-etre.
www.bienetremedia.com
Primera edición 2023.

SUSTENTO DE VIDA

César Aybar

ÍNDICE

DEDICATORIA

A Dios todopoderoso, a quien debo todo lo que soy.

A mi madre y mi padre, que fueron parte del plan de Dios para conmigo.

A mi esposa y mis hijas, soporte e inspiración para mi vida.

A mis hermanas y hermanos de sangre.

A mis hermanas y hermanos en el Espíritu.

A mis amigas y amigos de ayer y de hoy.

PRÓLOGO

Nada parte de cero. Todo tiene un principio, a veces sencillo y humilde, y otras veces trascendente. «En el principio era el Verbo...», reza el versículo bíblico. Este libro tiene esas cualidades. No nace a partir de su escritura en sí, no se inicia en la nada, sino que marca su devenir y desarrollo en la evolución progresiva de la siquis del autor. Comienza a incubarse y sucesivamente a modularse con el devenir del tiempo. Las reflexiones y conceptos expresados en este libro de forma poética, junto a sus bien atinadas prosas han seguido un curso desde su aparición hasta el crecimiento medular del hacedor del texto.

El libro surge en el instante mismo de las vivencias primarias de su creador, desde el despertar consciente de su vida. En tal sentido, se colige que los contenidos se urdieron durante la intrínseca formación familiar. En el interregno surgió el magma energético que da lugar a un ciclo de formación profesional forrada de sabiduría, humanismo y bondad.

En *Sustento de vida*, el autor César Alejandro Aybar plasma y expone una evolución espiritual y material que comienza en su niñez y adolescencia, específicamente en el hogar de sus progenitores: ella de Bonao, él de Santiago, segunda ciudad en importancia de la República Dominicana.

El padre, un mecánico de oficio, y la madre, una abnegada ama de casa. En tal sentido, el libro recoge en cada una de sus páginas valores inculcados por estos, los cuales ahora son más elevados y, aunque comprimidos, se manifiestan independientemente de sus deseos, en la excelente formación y ascendencia científico-universitaria.

Aybar comienza sus estudios universitarios en la (Primada de América) Universidad Autónoma de Santo Domingo (UASD) y se forma como científico en la prestigiosa Universidad Estatal M.V. Lomonosov de Moscú, en la otrora Unión de Repúblicas Socialistas Soviéticas (URSS).

Sus pasos por estas prestigiosas academias no solo le forman un carácter de investigador científico, sino que, al mismo tiempo, consolidan en él una férrea formación cristiana, a la cual acude ante los avatares de su alma y ante la inclemencia de los hechos que abaten al mundo.

Como una cosa lleva a la otra, sus conocimientos lo han conducido al tortuoso campo del quehacer empresarial. Allí ha estado, con altas y bajas, «lidiando el toro» de la sinuosidad y los vaivenes del mercado, lo que ocurre en un medio que valora poco el surgimiento de nuevos productos, aunque constituyan aportes tangibles a la agroindustria nacional. Productos que no han gozado del impacto deseado por la voracidad y los vericuetos de los dueños de las plazas y de un Estado irredento incapaz de motivar nuevas y prometedoras iniciativas empresariales.

Concomitantemente con ese incipiente afán agroempresarial, Aybar ha desarrollado una vida llena de reflexiones, creaciones poéticas, cancioneros, prácticas religiosas militantes, de organización gremial de sectores de productores y publicaciones de artículos en páginas de la prensa nacional.

Este libro, por tanto, constituye una rica recopilación de todas estas vivencias que han sido parte de la vida de su autor, su hermosa familia integrada por su esposa, Ekaterina Nikitenko de nacionalidad rusa, dos hijas y dos nietos.

En la primera sección, titulada «Sustento», hay sencillos pero hermosos mensajes a la obra infinita del Creador, como el poema Estás tú. También, están creaciones como *Lléname*, *Y yo hice fiesta por ti* y *Tú eres Dios*. Más adelante, en «Vida» encontramos composiciones más personales e íntimas, como *Las huellas que dejé*, *La vida es una* y *En la sala del amor*.

El libro termina con la sección titulada *Prosas de sustento, prosas para la vida*. Aquí primero encontramos el artículo reflexivo *Una profunda revolución en todos los sentidos* en el que advierte que «la violencia es consecuencia de la acumulación de injusticias premiadas a los ojos de componentes de la sociedad, de engaños y mentiras repetidas durante años disfrazadas cada vez por ilusiones de soluciones basadas en esperanzas falsas». ¿Quién en nuestros países no ha vivido esa triste realidad?

También nos encontramos con los trabajos *No ha valido la pena, Sequía en los corazones, Cansado del camino, ¿Eres un cristiano activo o pasivo?, Evolucionemos, pero correctamente, No juzgues y no serás juzgado, Si crees verás la gloria de Dios,* y *A propósito del amor.*

En el artículo *¿Por qué fracasan las relaciones de parejas?*, el autor reclama a estas que «No permitan que el amor se enfríe ni se congele, aprendan a contemplarse uno al otro, descúbranse mutuamente, pero no para juzgarse, reprocharse o llenarse de culpa, sino para entregarse en el servicio, en los detalles y en el amor, ese que ilumina y nos hace grandes en la humildad».

Como podrán palpar, en este libro de César Alejandro Aybar disfrutarán de excelentes enseñanzas y reflexiones, frutos de una sólida formación familiar cristiana y enriquecidas en el tráfago de la investigación científica y el trajinar de la vida.

Emiliano Reyes
www.ereprensa.blogspot.com
27 de enero de 2021

INTRODUCCIÓN

Sustento de vida es la expresión natural de una visión forjada en la experiencia de vida de su creador. Unos versos sencillos de canciones y poemas que tocan la sensibilidad natural del ser humano y mueven la conciencia, casi la estremecen, la despiertan.

Una prosa que llama a reflexionar sobre la vida y el amor. Que se va abriendo camino entre lo material y lo espiritual, entre lo esencial y lo banal. Que va revelando en cada oración, en cada estrofa y en cada tema, todas aquellas preguntas que inquietan el alma humana y, a la vez, va proponiendo respuestas a esas preguntas.

Es una prosa irreverente, pero, al mismo tiempo, cargada de profunda humildad. Son escritos que se corresponden con aquel llamado que hizo Jesús hace más de dos mil años a sus discípulos antes de partir: «Id por todo el mundo y proclamad la Buena Nueva a toda la creación» (Biblia de Jerusalén, 2007, Marcos 16:15).

Una prosa que invita a no creer a ciegas, sino a buscar la verdad. A cuestionarlo todo con la intención de forjar un criterio propio sobre la vida misma. Una prosa que invita a no claudicar, a seguir siempre hacia delante, a ver y encontrar el valor de cada uno como ser humano.

En su totalidad es una obra que nos llama a vivir, a ser valientes, a descubrir lo bello en medio de la desolación, la luz en medio de la oscuridad, la verdad en medio de la mentira, el amor en medio de la maldad, el perdón en medio de la crueldad, la alegría en medio de la tristeza y la vida en medio de la muerte.

Unos versos, unas canciones, una prosa para el amor y para la vida.

CUANDO ES DE NOCHE, ¿DÓNDE ESTÁ LA LUZ?

La vida está llena de cosas inesperadas. Así como es evidente la luz del sol cuando es de día, cuando es de noche, ¿dónde está la luz? Cuando estamos viviendo un periodo de oscuridad, a menudo pensamos que es para siempre. Olvidamos que la luz está presente, pero que en la oscuridad de nuestra noche a la vez se alumbra el día de otros.

Si quieres puedes llorar en tu noche, con más razón si sientes que tu noche, de algún modo, ha sido más larga de lo esperado. Si quieres puedes estar triste, y que esa tristeza no sea destructiva, que te sirva para recordar que existe la alegría. Si quieres puedes incluso gemir, clamar y decir: «¡Dios mío, ¿por qué me has abandonado?!». Pero lo que nunca puedes perder es la esperanza, porque la luz es real, permanente e infinita; y la promesa es que cuando esta noche que parece no acabar, pase, volverá la luz para siempre y te llenará de gozo eternamente.

SUSTENTO

Tú eres Dios

Yo no soy nada sin ti,
tú eres la inmensidad.
Yo sin ti vivo en oscuridad,
tú eres luz sin final.

Yo de ti todo aprendí;
tú, sin principio ni fin.
Yo levantado he sido por ti,
tú te entregaste por mí.

Tú eres todo para mí,
yo, ¿quién soy?
Mi razón para existir,
tú eres Dios.

Tú eres todo para mí,
yo, ¿quién soy?
Tú eres vida en mi existir,
tú eres Dios.

Si hay vida, existe Dios

Si hay forma,
hay figura.
Si hay figura,
hay espacio.
Si hay espacio,
hay tiempo.
Si hay tiempo,
hay futuro.

Si hay futuro,
hay esperanza.
Si hay esperanza,
hay fe.
Si hay fe,
hay amor.
Si hay amor,
hay misericordia.
Si hay misericordia,
existe Dios.

Estás Tú

En cada flor,
en cada suspiro
estas Tú.

En cada flor,
en cada rayo de luz.

En cada acción,
en cada emoción,
en cada sombra,
en cada hoja
que sopla el viento,
en cada alondra,
en el bullicio
y en el silencio
estas Tú.

La creación
es obra de tu virtud.

Siempre he vivido
mirando al frente,
indiferente
a lo evidente,

y ahora quiero
agradecerte,
Señor.

Dónde encontrarte

Dónde te puedo encontrar,
dónde te voy a buscar,
dónde podría saciarme de ti
y estar más en ti.

Dónde te puedo escuchar,
dónde te puedo sentir,
dónde podría servirte mejor,
ser tu servidor.

Donde el dolor es cotidiano
y la desesperanza
es el café de la mañana,
donde el amor es algo extraño,
y solo temor hay después de la ventana.

Donde han huido los cobardes,
donde las luces son reflejos,
donde están olvidados.

Donde los niños son estorbos
y el saludo es una mueca
con sonido a soledad.

Jesús está allí,
fuera de tu confort,
donde haces falta tú,
donde hace falta amor.

Donde el dolor es cotidiano
y la desesperanza
es el café de la mañana.
Donde el amor es algo extraño,
y solo temor hay después de la ventana.

Donde han huido los cobardes,
donde las luces son reflejos,
donde están los olvidados.

Donde los niños son estorbos
y el saludo es una mueca
con sonido a soledad.

Lléname

Yo sé que soy nada sin Ti,
que no podré vivir así.
Yo sé que estoy sin vida en mí
y triste voy si estoy sin Ti.

Por eso estoy aquí a tus pies.
Espíritu de Dios, lléname.

Llena mi vida, mis actuaciones.
Llena mi mundo, mis decisiones.
Lléname todo de tu fragancia.
Lléname, Espíritu de Dios.

Yo sé que en Ti la vida está
y está también la libertad.
Yo quiero ser todo de Ti
y tu misión quiero cumplir.

Por eso estoy aquí a tus pies.
Espíritu de Dios, lléname.

Llena mi vida, mis actuaciones.
Llena mi mundo, mis decisiones.
Lléname todo de tu fragancia.
Lléname, Espíritu de Dios.

Y yo hice fiesta por ti

Hace tiempo que espero por ti,
en mi casa tienes un lugar.
Cada día miro hacia el camino
esperando verte regresar.

Hace tiempo que nada es igual,
desde el día que te vi partir...
Un vacío que llena tu espacio
y el abrazo que no puedo darte.

Te fuiste hacia otras tierras,
tiraste tu herencia
con vinos y mujeres.
Te viste en la miseria,
volviste
y yo hice fiesta por ti.

Te alejaste adrede de mí,
decidiste cortar con mi ser,
ir a un mundo que no te ofrecí,
ostentando falsa libertad.

Gran dolor en mi alma sentí
hijo mío te vas a perder;
pero te amo y te dejo ir,
esperando que quieras volver.

Te fuiste hacia otras tierras,
tiraste tu herencia
con vinos y mujeres.
Te viste en la miseria,
volviste
y yo hice fiesta por ti.

Aun así, me aceptas

Después de creer tan solo en mí,
pensar que todo lo podía.

Con altivez lastimar y seguir,
pues solo yo sabía qué hacer.

Si siempre soy para mí el mejor,
vaya usted a saber qué pobre soy yo.

Qué de decir que la vida es más...
Que Dios lo creó todo por amor.

Qué voy a creer, tonterías son, ya lo sé,
para débiles de corazón.

Que dónde está Dios, sin Él igual soy,
vaya usted a saber qué pobre soy yo.

Hoy reconozco que tú eres Dios,
que sin ti soy nada.

Que tu amor es tan grande que
mi corazón te alaba.

Ahora veo que, a ti, Jesús,
yo te cerré la puerta.

Que mi desprecio quizás te hirió;
aun así, me aceptas.

Alabanza de amor

Oh, Señor, Tú mi Dios,
Tú mi Rey Salvador,
yo te quiero entregar
mi alabanza de amor.

Lléname de tu ser,
entra en mi corazón.
Yo me rindo ante Ti,
conquistado ya estoy,
dígnate a recibir
mi alabanza de amor.

Yo te alabo porque Tú
eres Santo y Rey,
porque con tu amor
viniste a salvar tu grey.

Levantado fuiste en cruel
martirio y dolor
y, al resucitar, el mal
vencido quedó.

Si no tengo amor

Aunque sea prodigio de las artes,
aunque hablara la lengua de los ángeles,
aunque fuera un genio de las ciencias,
y tuviera el don de profecía,

si no tengo amor,
si no tengo amor,
si no tengo amor,
no soy nada.

Aunque tenga dinero por millones
y aunque todo lo que tenga lo diera;
aunque fuera el más rico de los hombres
y el poder de la tierra tuviera,

si no tengo amor,
si no tengo amor,
si no tengo amor,
no soy nada.

El amor todo lo perdona,
el amor todo lo cree,
el amor todo lo espera
y nunca deja de ser.

Aunque tenga dinero por millones
y aunque todo lo que tenga lo diera;
aunque fuera el más rico de los hombres
y el poder de la tierra tuviera,

si no tengo amor,
si no tengo amor,
si no tengo amor,
no soy nada.

Ofrenda de amor

Yo quiero ser, Señor, un servidor,
para servirte a Ti con devoción.
Quiero entregarte a ti mi alma y mi corazón
como ofrenda de amor.

Yo quiero ser, Señor, solo de Ti,
y en Ti, por Ti, llevar al mundo amor.
Que vea yo tu luz, la luz que al mundo quieres dar.
Señor, te quiero amar.

Amor, amar con el amor que diste Tú,
hasta llegar a ser martirio en una cruz.
Como una ofrenda que es agradable al Señor,
en Pan y Vino te ofrendamos por amor.

Gracias te doy, Señor, en esta acción
de humilde exaltación a tu divinidad,
y lleno de tu amor y en actitud de adoración
te doy mi libertad.

Amor, amar con el amor que diste Tú,
hasta llegar a ser martirio en una cruz.

Como una ofrenda que es agradable al Señor,
en Pan y Vino te ofrendamos por amor.

Caminar contigo

Quiero entrar en tu corazón
para llegar a renacer,
porque tan solo estando en Ti
puede la vida en mí fluir.

Te abro las puertas de todo mi ser
para que Tú puedas entrar
y con tu luz yo pueda ver
y junto a Ti resucitar.

Y caminar contigo,
ir donde Tú me lleves,
hacer nuevos caminos
con tu cruz.

Alimentar al mundo
llevando tu Palabra,
iluminar las almas
con tu luz.

Quiero adorarte y ser de Ti,
glorificar tu nombre.

Quiero alabarte porque sí,
porque eres santo y grande.

Yo quiero ser tu ejemplo aquí,
tomar mi cruz y caminar,
seguirte siempre hasta morir
y con tu amor saber amar.

Y caminar contigo,
ir donde Tú me lleves,
hacer nuevos caminos
con tu cruz.

Alimentar al mundo
llevando tu Palabra,
iluminar las almas
con tu luz.

Agua de vida

Cansado del camino
de Judea a Galilea,
en el pozo de Jacob
se sentó a descansar.

«Dame de beber», le dijo
a la Samaritana
y en la conversación
reveló su poder.

Si conocieras
de quién se trata,
quién te solicita
calmar su sed,
tú le hubieras pedido a Él
que en sí mismo
es un Don
de Agua Viva.

Dame de beber de esa agua
para que viva.

Yo quiero beber de esa agua,
agua de vida.

Agua que es Don
que quita la sed para siempre,
que brota de fuente
que salta para vida eterna.

Dame de beber de esa agua
para que viva.
Yo quiero beber de esa agua,
agua de vida.

Lo que Dios te quiere dar

Recorramos la ciudad,
ando en busca del amor,
quiero ver a la humanidad sonreír.

No cierres tu corazón,
ábrelo de par en par
y permite que el amor pueda entrar.

Siguiendo los pasos
que el alma te da.
Buscando el abrazo
de la sinceridad.

Viviendo entregado
hasta el fin,
un día, otro día…
vivir por vivir.

El amor es libertad
y la libertad es amor.
Si te quedas solo, en ti morirás.

Sal afuera a entregar
y a la vez recibir
lo que Dios te quiere dar solo a ti.

VIDA

Las huellas que dejé

Yo soy de los que nunca
se sienten defraudados
porque, si algo yo he dado,
por gracia antes recibí.

Así que no hace falta
que alguien me agradezca;
el agradecimiento,
bien sé, no debe ser a mí.

Pero si un tiempo de esos
que ensombrecen el alma
tornó mi aliento en noche oscura,
y perdí un poco la cordura,

recuerda cuando yo, la luz,
rcflcjaba con dulzura.
Un solo día de locura
no ha de borrar
las huellas que dejé.

La vida es una

La vida está llena de sorpresas,
algunas buenas, otras no tanto.
La vida está llena de regalos,
algunos buenos, otros envenenados.

La vida está llena de belleza
en parte y parte con su contrario.
De lado a lado por el camino
y frente a frente tienes para escoger.

La vida es una y es eterna,
nadie lo entiende o reconoce;
sobre ella va la gente sin rumbo,
muriendo sin conocerla.

Que despierte todo el mundo,
que me mata la soledad.
Que los muertos hoy se matan
y los vivos quieren huir o dormir.

La vida está llena de imprevistos,
la vida está llena de rutina.

La vida está llena de colores
y, aunque veas muchas, la vida es una.

Hoy quiero perdonar

Qué puedo yo decir de mí,
qué puedo suponer que soy,
qué historia narraré.

Qué puedo yo reivindicar,
qué puedo a mi favor hablar,
dime, ¿a quién culparé?

La historia la escribí yo mismo,
mis pasos tras mis pasos fueron.
Si alguna vez te herí y me heriste
que todo quede en el olvido.

Camino al caminar yo hice,
buscando siempre una respuesta.
Muchas veces fallé y fallaste
y hoy quiero perdonar y perdonarme.

No es bueno, para el bien del alma,
tener un corazón herido.

Para poder amar sin tregua,
que todo quede en el olvido.

No ha valido la pena

Si pasamos inadvertidos por la vida,
no dejamos una sonrisa que recordar.
Si no puedo llegar a un corazón necesitado,
si no puedo hacerte renacer en el amor.

No ha valido la pena, no ha tenido sentido
si vivimos muriendo, disfrutando la muerte.
Sin amor nunca he sido, con amor sí estoy vivo.

Si te atrapa la indiferencia y la apatía,
y no veo en tu sonrisa la luz del sol.
Si no siento en cada amanecer la vida viva,
si mi alma no bulle de emoción al verte a ti.

No ha valido la pena, no ha tenido sentido
si vivimos muriendo, disfrutando la muerte.
Sin amor nunca he sido, con amor sí estoy vivo.

No lo pienses más, déjate llevar
por esa voz, muy tenue voz
que te llama para ser feliz.

No ha valido la pena, no ha tenido sentido
si vivimos muriendo, disfrutando la muerte.

Sin amor nunca he sido, con amor sí estoy vivo.

A mis amigos

A mis amigos yo les doy mi esperanza,
a mis amigos yo les doy lo que soy.
A mis amigos les entrego mi armonía
y mi sonrisa como ofrenda se la doy.

A mis amigos les ofrezco mi casa,
a mis amigos les abro el corazón.
A mis amigos, como al sol de primavera,
abro las puertas y les cobijo con mi amor.

Mis amigos son los que, perdidos,
ya no saben a dónde ir.
Mis amigos son los que han vivido
sin saber de dónde son.
Mis amigos son aquellos
locos que lo dan todo
y nunca esperan
recompensa de su amor.

Mis amigos son los rechazados
sin motivos, sin razón.

Mis amigos son los olvidados,
invisibles del rincón.

Mis amigos son aquellos
locos que no son locos
pero que el mundo
una etiqueta les colocó.

En la sala del amor

Si no soy como soñaste,
si la piel ya no te erizo,
si no puedo emocionarte igual,
si no soy un poquito especial.

Si no soy como aquel joven
que al llegar miraste inquieta;
si tus ojos no brillan más por mí,
si al hablar no sabes qué decir:

es el invierno frío
que cubre nuestras almas.
Hay que encender el fuego
en la sala del amor.

Buscar la primavera
en tu cuerpo y el mío,
percibir tu mirada
como los rayos del sol.

Si no eres la primera,
la que me emociona al verla;
si al dormir no busco con afán
tu calor, y tu cuerpo abrazar.

Si no añoro tu presencia
en un tiempo de distancia;
si al pasar no siento nada en mí,
y no llamo para saber de ti:

es el invierno frío
que cubre nuestras almas.
Hay que encender el fuego
en la sala del amor.

Buscar la primavera
en tu cuerpo y el mío,
percibir tu mirada
como los rayos del sol.

No dejemos que el invierno
sea eterno,
busquemos la primavera,
retomemos nuestro sueño.

Es el invierno frío
que cubre nuestras almas.
Hay que encender el fuego
en la sala del amor.

Buscar la primavera
en tu cuerpo y el mío,
percibir tu mirada
como los rayos del sol.

Eso no es amar

Yo no pienso
como piensan todos,
solo vivo
la vida a mi modo.

Si yo soy,
por algún motivo,
entregarme
me hace sentir vivo.

Es por eso
y ese es mi destino,
que he caído
en cardos y espinos,
sin embargo,
siempre hay una rosa,
que embellece
un poco el camino.

Nunca esperes
de mi corazón
exigencias,
yo no pido amor.

Lo que tengo
todo es para dar.
Intercambio:
eso no es amar.

Soy testigo
de lo cotidiano,
lo valioso
y también lo vano,
y por eso
vivo cada instante,
sin negarme
como ser humano.

Pero busco
y buscar no es malo,
y al hacerlo
me he maravillado,
lo que encuentro
es que todo es vano,
solo amando
yo me siento amado.

Nunca esperes
de mi corazón
exigencias,
yo no pido amor.
Lo que tengo
todo es para dar.
Intercambio:
eso no es amar.

El Amor te ha encontrado

Yo me fui descubriendo poco a poco,
como se descubre el sol cuando amanece,
y en ese descubrir, sin darme cuenta,
descubrí que no soy lo que parece.

Yo me fui descubriendo poco a poco
igual que la montaña en la aurora,
y en ese descubrir, sin darme cuenta,
descubrí que la vida me enamora.

Una vez descubierto por completo,
franco, frágil, desnudo de mí mismo,
fui noche y luz al unísono:
miseria y virtud, todo mezclado.

Pero qué extraño, después de la sorpresa,
de estar confuso, incluso avergonzado,
una voz cariñosa y tenue,
casi imperceptible,
a lo interno susurraba:

«Alégrate, ¿no lo ves? Estás a salvo.

Sonríe y sé feliz:
el Amor te ha encontrado».

PROSAS DE SUSTENTO, PROSAS PARA LA VIDA

UNA PROFUNDA REVOLUCIÓN EN TODOS LOS SENTIDOS

Quiero entrar en tu corazón
para llegar a renacer.

En el mundo de hoy hay que hacer una profunda revolución en todos los sentidos. Cuando se habla de revolución la gente tiende a rechazar el término porque, en una época, fue sinónimo de violencia. Pero aquí se trata de una revolución integral, que debe empezar precisamente con acciones cuyo objetivo sea eliminar todo tipo de violencia en nuestras sociedades.

La violencia es consecuencia de la acumulación de injusticias, premiadas a los ojos de los hombres y mujeres que conforman la sociedad. Deriva de engaños y mentiras repetidas durante largo tiempo, que se disfrazan de soluciones basadas en esperanzas falsas.

El proceso de deterioro de los valores fundamentales que sostienen una sociedad y que permiten que esta pueda desenvolverse en un ambiente de paz, está peligrosamente avanzado. Hoy en día se están perdiendo los referentes de conductas que lleven a la convivencia armónica y pacífica.

El centro de atención de cada ciudadano lo constituye el cómo resolver su problema, lo demás queda relegado a una lejana posición.

En la actualidad, nuestras sociedades se rigen por la ley del más degradado moralmente, es decir, la ley de conseguir todo lo material que se pueda por la vía más fácil, sin importar el cómo ni las consecuencias. El bien común es cosa del pasado. Y esos son los referentes que les estamos dejando a las generaciones que vienen subiendo. ¡Urge una revolución profunda en todos los sentidos!

Pero ¿cómo iniciamos esta urgente revolución? ¿Qué hacer si casi todo está corrompido en el mundo? ¿Cómo y con quién nos organizamos para iniciar esta importante tarea? ¿Sobre qué base podremos llevar a cabo tan urgente e importante acometida? Son preguntas para reflexionar que quiero dejar en las mentes y los corazones de quienes lean este artículo. Lo que sí es seguro es que el mundo está enfermo, y algo tenemos que hacer para sanarlo, antes de que sea demasiado tarde.

De mi parte he decidido empezar por cambiarme a mí mismo, reconociendo mis faltas y vaciando mi corazón de todos esos sentimientos y actitudes que incitan al mal: envidias, rencores, deseos de venganza, lujuria, deseos de poder, apegos, codicias, individualismos, egoísmos, etc., para, con la ayuda de Dios, tener un corazón limpio. Tal vez este sea un inicio precioso y efectivo para provocar esa revolución; quizás esa decisión podría generar una reacción en cadena que traiga como consecuencia el cambio que deseamos.

SEQUÍA EN LOS CORAZONES

No cierres tu corazón,
ábrelo de par en par
y permite que el amor pueda entrar.

El corazón humano fue creado por Dios como un hermoso Jardín (el Jardín del Edén), donde habitaba el mismo Espíritu de Dios y la belleza no tenía límites. Existían en ese Jardín toda clase de árboles agradables a la vista, y toda clase de hierbas y frutos buenos para comer.

Todo se desenvolvía allí de acuerdo con la Armonía Divina. Lógico: ni pensar que en el jardín pudiera algún día existir la sequía, y mucho menos pensar que poco a poco todas sus áreas verdes se irían convirtiendo en un árido desierto.

Todo sucedió cuando un día el ser humano confundió la libertad con algo que solo tiene apariencia de libertad, y cambió la verdad por aquello que solo tiene disfraz de verdad, creyendo que le convenía. Empezó a devorar sin control su propio corazón, sumido en total confusión, sacó de dentro de sí el amor, que es la única posibilidad de ponerle límite a la locura de poder individual e infinito que anhela, y que lo hace dañar todo equilibrio y toda belleza.

Desde entonces empezó la sequía, que ya abarca casi el corazón completo, dejando tras de sí un árido desierto sin vida, sin esperanza, lleno de dolor y angustia. Un mundo en el que sus habitantes tienen sequía en sus corazones, en el que el ser humano pasa a ser instrumento de generación de bienestar y riquezas para unos pocos. Luego de ser usado hasta que sea conveniente, es simplemente descartado; un mundo donde, como diría el Papa Francisco, la «cultura del uso y descarte» es predominante.

Un mundo caracterizado por la violencia y las guerras sin sentido, un mundo habitado por humanos, pero desprovisto de humanidad. La sequía en los corazones de los seres humanos ha llegado a tal nivel, que no respeta ni siquiera su propia casa, la casa que es de todos, el hábitat de todo lo viviente: la tierra y todo su ecosistema.

> [Nuestra casa] clama por el daño que le provocamos a causa del uso irresponsable y del abuso de los bienes que Dios ha puesto en ella. Hemos crecido pensando que éramos sus propietarios y dominadores, autorizados a expoliar. La violencia que hay en el corazón humano, herido por el pecado, también se manifiesta en los síntomas de enfermedad que advertimos en el suelo, en el agua, en el aire y en los seres vivientes[1].

Es necesario empezar a eliminar esta sequía en los corazones de la gente, de otro modo, en poco tiempo será casi imposible vivir en «nuestra casa». Afortunadamente, esta sequía sí puede ser eliminada por los seres humanos. Para lograrlo, basta con un cambio de actitud, abrir la puerta al amor que todo lo puede y sacar de sí el egoísmo que todo lo destruye.

---

[1]Fragmento de la Carta Encíclica Laudato si' del Papa Francisco (24 de mayo de 2015).

¿ERES UN CRISTIANO ACTIVO O PASIVO?

Yo quiero ser todo de ti
y tu misión quiero cumplir.

La vida es un misterio. Desde niño me he hecho la pregunta existencial que de seguro todos nos hemos hecho alguna vez: ¿para qué vivimos?

Es ilógico vivir sin saber para qué. Al menos debemos sentirnos inquietos e impulsados a buscar la razón, el sentido de la vida. Mi búsqueda no es de ahora, pero fue hace solo algunos años que empecé a dilucidar el camino.

Para mí, el sentido de la vida debía estar vinculado a nuestra forma de relacionarnos con los demás. Si asumimos a Cristo Jesús como hijo de Dios, entonces podemos decir que Jesús es Dios hecho hombre.

Al hacer un recorrido por la vida pública de Jesús, narrada en los Evangelios, me di cuenta de que todo lo que hizo en esos tres años fue servir. Eso me llevó a concluir que la razón de la vida era servir a los demás. Hoy entiendo que la razón de la vida es amar, y que el servicio desinteresado a los demás es una forma de manifestar el amor de Dios.

En ese sentido, podríamos decir que el amor es la solución a todos los problemas humanos. Qué diferente fuera todo si la vida de cada uno de nosotros se sustentara en el amor. El amor no es un sentimiento; si así lo fuera, no se trataría de algo eterno, pues los sentimientos vienen y van, hoy son y mañana no son. El amor dura para siempre.

El amor no es una decisión, pero pienso que se inicia con una, la cual te lleva a acciones concretas. Por ejemplo, una manifestación del amor es la amistad sincera, que no depende de lo externo, sino de lo interno; no depende de lo finito, sino de lo infinito; no depende de lo mortal, sino de lo inmortal.

Cuando empiezas a hacer cosas por los otros sin esperar recompensa, cuando haces por el prójimo aquello que le conviene a él y no a ti, ya entraste en el camino del amor. Dios es Amor (1 Juan 4:8), y al amar nos convertimos en un canal a través del cual las personas son tocadas por Dios. Si Dios es Amor, el Amor es aquella energía que lo ilumina todo; aquella luz que, si le permites entrar en ti, te llena por completo, es decir, te hace alcanzar la plenitud.

Una persona que se considere cristiana (seguidor de Cristo), ¿qué postura debe tomar respecto a la política, las decisiones de Estado, las posiciones partidarias políticas, movimientos sociales, etc.?

Es una pregunta que nos interpela, pero que toda persona que se considere cristiana tiene que hacerse. ¿Dónde buscar la respuesta? Si eres cristiano o cristiana, tu referencia debe ser Cristo. Hay que buscar la respuesta en Cristo.

Si estudias la vida de Jesús, verás que frente a toda la injusticia que había en medio de aquella sociedad en la que vivió, su respuesta siempre fue actuar, hacer, servir. Esa vida activa a favor de la verdadera liberación de la humanidad tenía una expresión concreta: la caridad y el servicio, manifestaciones reales del amor que siempre acompañaron sus enseñanzas. Aunque, producto de sus acciones, los afectados en sus intereses acudieron a Él con intenciones malsanas.

Nuestras acciones no necesariamente responderán a una línea política partidaria, a un movimiento social, a una línea de oposición a quien gobierne, etc. Generalmente, todas esas posiciones están motivadas por intereses humanos. Lo que sí es importante es que nuestro proceder se corresponda con la voluntad de Dios. Aunque pocos entiendan lo que hacemos, nuestras acciones serán trascendentes y estarán por encima de egoísmos, fronteras, políticas o ambiciones, y serán realmente liberadoras, generando verdaderos cambios en nuestras sociedades y el mundo.

Es necesario contagiar a las personas con nuestro comportamiento, para invitarlos a amar al prójimo de manera concreta. Un simple saludo, respetar el derecho de los demás, llegar a ser el primero para ayudar, dirigir el Estado únicamente para servir y no para servirse, compartir el sufrimiento y el dolor de los menos agraciados, actuar para aliviar o erradicar el sufrimiento, siendo el primero para servir y el último para ser servido... He ahí un verdadero cristiano.

El camino de Cristo es la única esperanza para detener la destrucción de la humanidad que estamos incubando.

A PROPÓSITO DEL AMOR

Si no tengo amor,
no soy nada.

Es mucho lo que se ha dicho y escrito sobre el amor. La historia de la humanidad está llena de páginas que versan sobre esto y, sin embargo, la mayoría de las personas viven una vida marcada por el desamor de doble vía: desde ellos hacia los demás y desde los demás hacia ellos mismos. Por esta razón están vacíos y llenos de dolor, con alegrías efímeras provenientes de experiencias sensoriales relacionadas con el mundo exterior.

La gente concibe el amor como un sentimiento que les dará plenitud en la medida en que sus necesidades y demandas son satisfechas por la otra persona. Pongamos el caso de cuando una persona se enamora de otra. Generalmente, todo empieza por una atracción física, luego un acercamiento y un proceso de conocerse mutuamente. El cerebro elabora una serie de moléculas que hacen que la persona enamorada se sienta feliz y perciba todo lo de la otra persona como perfecto y encantador, empezando a ver una realidad distorsionada pero agradable a sus sentidos.

Durante la relación, ambas personas sienten la necesidad de estar cerca y compartir tiempo, debido a que quieren satisfacer su deseo de proximidad porque les produce bienestar y placer. También quieren conocerse más para ver la conveniencia de profundizar la relación.

Vemos que todo lo que ha movido a esa pareja a acercarse ha sido una necesidad de satisfacer en cada uno de ellos deseos y demandas. En ningún momento la fuerza impulsora que ha dado inicio a la relación ha sido la de entrega o la de dar para satisfacer la necesidad del otro. Por eso, cuando ya ha pasado el tiempo, se casan, viven juntos y vienen las responsabilidades, los problemas, las finanzas, los hijos y demás situaciones propias de una familia, el asunto empieza a cambiar. Ya no son tan perfectos el uno para el otro como antes creían.

Entonces, el desamor —disfrazado de amor— que unió a esa pareja empieza a salir a flote. Sé que te estarás preguntando cuál desamor. Pues el desamor de la incomprensión, el desamor de la apatía, el desamor de demandar, de exigir, de no servir, del desinterés, de la soledad. Es desamor desde el principio, pero estaba escondido.

El amor y el enamorarse son cosas diferentes. El proceso del enamoramiento es necesario como punto de partida para la formación de una familia, la atracción de una persona de un sexo por otra del otro sexo. Así lo diseñó Dios, que es perfecto. Lo ideal es que ese proceso se dé dentro de un ámbito en el que se haya asumido el amor como forma de vida, en ese caso, el enamoramiento hará posible que esas personas se conozcan y particularicen el amor, llevándolo a ser tan de ellos dos que compartan intimidades sin temores y responsablemente.

Entonces, ¿qué es el amor? En el griego antiguo existían varios términos para definirlo de acuerdo con la circunstancia, de esa manera, tenemos el amor como *eros*, que es el sentimiento fundamentado en la atracción sexual; como *storgé*, que se refiere al afecto, especialmente el que se tiene a los miembros de la familia; como *philia*, que se refiere al amor fraternal, recíproco, amor condicional del tipo «si tú me tratas bien, yo te trato bien». Finalmente, tenemos el amor como *ágape*, aquel incondicional, fundamentado en el comportamiento de los demás independientemente de sus méritos, que no busca placer para sí mismo, sino que encuentra placer y deleite en dar. Es el amor de la elección.

En este artículo nos referimos a este último tipo de amor. En el Nuevo Testamento, Jesús se refirió a la misma acepción, debido a que este amor dura para siempre y trasciende las dimensiones conocidas en este mundo.

Ágape no es el amor, sino que describe el comportamiento del amor. La práctica de este amor trae como consecuencia una disminución extrema del egoísmo, por lo tanto, en vez de querer ser servidos, servimos; en vez de exigir satisfacciones, proporcionamos satisfacciones; en vez de querer que nos suplan nuestras necesidades, suplimos nosotros las de otros. Si se asume este estilo de vida de manera cotidiana, el enamoramiento sería simplemente un mecanismo de acercar a dos personas del sexo opuesto, para que profundicen y particularicen el amor y puedan formar una familia estable, no basada en las exigencias y demandas egoístas de cada individuo.

En el concepto del amor, así como en la acción de amar, no cabe nada que no sea entrega total e incondicional. Absolutamente ningún sentimiento negativo ni actitud de violencia, ni egoísmo, ni exigencia alguna puede caber en el amor. El amor es la perfección pura y simple, el amor es la única verdad que existe.

Por eso Jesús dijo: «Amarás a tu prójimo como a ti mismo» (*Op. cit.*, Mateo 22:39). Este mandamiento del amor es el que lleva a la perfección, pues amar al prójimo como a uno mismo es buscar siempre el bien de la otra persona en la misma proporción en que buscamos el nuestro. También lleva a la plenitud, pues no depende de nada externo, sino que depende de cada persona en particular. Es el amor que te hace feliz para siempre, pues tu felicidad no dependerá del comportamiento de la otra persona ni de que se cumplan expectativas formadas.

Si la sociedad asumiera este amor, empezaría a caminar la senda de la perfección, con la consecuente disminución de todos los males que nos caracterizan. El mecanismo es muy sencillo: dar sin esperar recibir nada a cambio. De ese modo, si todos nos ocupásemos en satisfacer las legítimas necesidades y no los deseos de nuestro prójimo, y así otros se ocupasen en suplir las nuestras, se formaría un círculo virtuoso de bienestar generalizado, que alcanzaría a todas las personas que formen parte de la sociedad.

Las verdaderas necesidades son comunes: todos tenemos más o menos las mismas necesidades de alimentarnos, vestirnos, habitar una vivienda, adquirir conocimientos indispensables, disponer de cuidados de salud, entre otras.

También están las necesidades afectivas del ser humano, aquellas que le hacen demandar atención de parte de sus congéneres, así como la necesidad de cercanía, de dar y recibir cariño, de ser respetado, de ser tomado en cuenta. Aunque no parecen ser necesidades imprescindibles para vivir, las consideramos legítimas porque contribuyen con la salud emocional de la persona.

EVOLUCIONEMOS, PERO CORRECTAMENTE

Yo quiero ser, Señor, solo de Ti,
y en Ti, por Ti, llevar al mundo amor.

Si las sociedades del mundo estuvieran organizadas como propone el cristianismo, sobre la base del altruismo y la caridad, obteniendo cada uno según lo que necesite y repartiendo equitativamente el excedente, entonces la seguridad social sería automática, nadie moriría por no tener acceso a la medicina o a la alimentación adecuada. Todos podrían obtener una educación formal y la espiritualidad sería la norma en nuestras vidas. Se eliminaría la violencia. Habrá problemas, pero estos girarán en torno a evitar que se vuelva atrás, pues siempre existirá la tentación de hacerlo y personas que rechacen ese tipo de organización, a las cuales hay que respetar y amar como son.

Llegar a ese nivel de desarrollo humano, a ese nivel de conciencia colectiva, es un proceso y todo un reto, ya que no se debe lograr mediante la imposición de lo que unos piensan sobre los que no piensan igual, ni tampoco eliminando la libertad de cada persona, el derecho a elegir. Se debe alcanzar sobre la práctica del amor, como lo propone Cristo.

Lo que estoy diciendo es algo lógico. El problema es el egoísmo que nos ciega y no deja que el amor se instale en nosotros.

Los comunistas han tratado de imponer ese tipo de «amor colectivo», pero el remedio termina siendo peor que la enfermedad, porque el amor no se puede imponer. Si algo se intenta imponer, será lo que sea, pero nunca amor. El amor tiene que vencer al egoísmo amando. Es la herramienta que nos dio Jesús para que el nuevo ser humano se vaya forjando con el tiempo, y con él la nueva sociedad. No es cuestión de un día ni de dos, pero lo importante es persistir en ello.

Si nos damos por vencidos, si no despertamos, si nos cansamos, si le cedemos el espacio al egoísmo, a la maldad, a las tinieblas, nuestra evolución se detendría y vendría la catástrofe. Por eso dijo Jesús: «Y al crecer cada vez más la iniquidad, la caridad de la mayoría se enfriará. Pero el que persevere hasta el fin, ese se salvará» (*Op. cit.*, Mateo 34:12-13).

Es un trabajo que requiere paciencia. Trabajamos primero con nosotros mismos, quitándonos la viga de los ojos, pues ella no nos deja ver para ayudar a quitar la paja en el ojo del hermano; reconociendo lo que somos y de quien venimos, poniendo a Dios, nuestro Padre, en primer lugar, acudiendo a Él para el oportuno consejo. Amando a todos, incluyendo a las personas que no nos agradan, las que no comparten nuestros criterios y nuestro credo, las que roban; amando a los orgullosos, egoístas, egocentristas, crueles, necios, poco amables, o como dice Jesús: amando a los enemigos (*Op. cit.*, Mateo 5:43-48).

El amor no admite imposición ni limita libertades, no menosprecia al hermano ni es soberbio. El amor es el camino de perfección, es el motor que lleva a la humanidad a la santidad y a la felicidad verdadera. Si nos ponemos de acuerdo, creo que podemos iniciar ese proceso de transformación basado en el amor. Para eso, el primer paso lo tienen que dar los que dirigen la sociedad, los que dirigen el Estado. Ellos tienen que poner el ejemplo.

No es empezar a cambiarlo todo de repente, señalando a unos como buenos y a otros como malos, pues «nadie es bueno sino solo Dios»[2], dijo Jesús; sino actuando con honradez, dirigiendo con justicia, cumpliendo y haciendo cumplir la ley. Distribuyendo los impuestos de los ciudadanos de forma tal que los derechos fundamentales (salud, educación, alimentación, vivienda, transporte) puedan asegurarse con calidad a los más necesitados, eliminando los lujos y privilegios en la administración pública. En pocas palabras, poniendo al ser humano en el centro de las políticas públicas, respetando la libre expresión del pensamiento, estimulando el desarrollo de los valores fundamentales y diciendo la verdad, refrendando lo que se dice con lo que se hace. Ese sería un lindo y esperanzador comienzo.

[2] *Op. cit.*, Marcos 10:18.

¿A QUÉ PUEBLO SE REFIERE?

Intercambio:
eso no es amar.

Cuando alguien dice luchar por el pueblo, ¿a qué pueblo se refiere? De acuerdo con mi experiencia, cuando alguien «lucha por el pueblo», generalmente se refiere al que le conviene a esa persona según el objetivo de su supuesta lucha. Los discursos aguerridos de los políticos de izquierda de los años 60, 70 y 80 eran supuestamente «en defensa del pueblo», pero para ellos «pueblo» era todo aquel que estaba de acuerdo con sus puntos de vista. Los discursos demagógicos de los políticos tradicionales, supuestamente a favor del pueblo, están dirigidos a atraer a las ingenuas personas que puedan llegar a creerles, sin importar su procedencia.

De lo anteriormente dicho, se puede sacar una conclusión lógica: nadie lucha por el pueblo. Todos los que han luchado por un supuesto pueblo y «ganan», terminan favoreciendo a unos y perjudicando a otros, es decir, que todo se enmarca en un conflicto de intereses, en nada a favor de la gente. ¿Qué hacer ante esta disyuntiva? Ya que para vivir hay que tomar posición, algo debemos hacer.

Se me hace difícil odiar a unos y amar a otros, yo prefiero amar a todos. Lo mismo que se me hace difícil juzgar a unos y a otros no, yo prefiero no juzgar. Algunos pensarán que es una posición muy cómoda y que es pura demagogia. ¿Qué tal si digo que prefiero accionar en favor del prójimo? Quizás alguien pregunte «Pero ¿quién es ese prójimo?». Para la respuesta a esa pregunta prefiero remitirle a Lucas 10: 25-37.

Ser pasivo es lo mismo que ser tibio. Es ser indiferente a los acontecimientos que suceden en el mundo en que vivimos, significa ser indiferente ante lo que sucede alrededor nuestro. Se necesitan personas de acción, personas realmente vivas, enamoradas del amor, que es lo mismo que decir «enamoradas de la vida», que la entiendan no en el ámbito individual, sino en el ámbito universal.

Pero vuelve a aflorar la cuestión… ¿Cómo tomar posición? ¿Cómo ser activos a favor de una causa, sin dejarse influenciar por aquellos que asumen posiciones que aparentan ser a favor de esa causa, pero que finalmente favorecen unos determinados intereses, o a lo sumo, satisfacen el morbo de sus propios egos?

Para lograr tener independencia de criterio y no dejarse manipular por aquellos que manejan y estudian el comportamiento emocional de las personas y el colectivo, los individuos deben tomarse el tiempo de investigar más de lo que se dice, averiguar más de quién lo dice y conocer al menos lo fundamental de la historia tanto de su país, como la de otros países.

Por otro lado, para impedir que nuestra posición esté motivada por el deseo de satisfacer el morbo de nuestro propio ego, debemos mirarnos detenidamente, ver la desnudez de nuestro interior y descubrir lo que somos y lo que llevamos dentro. Tenemos que aprender a conocernos, dejar de mirar tanto hacia fuera y mirar un poco más hacia dentro.

Es importante descubrir qué tan limpia está nuestra casa, qué tan sano está nuestro corazón. Saber qué nos impulsa a actuar con tanto odio y desprecio contra cualquier ser humano, qué nos impulsa a desconocer nuestro vínculo de hermandad con cualquier otro ser humano. Tenemos que descubrir qué heridas laceran nuestros corazones, que nos llevan a despreciarnos y a odiarnos a nosotros mismos. Qué cosas nos han enseñado que nos llevan a no amarnos a nosotros mismos y, en consecuencia, a no amar a los demás.

Lo que hacemos con las otras personas es un reflejo de lo que llevamos dentro. Si nos despreciamos a nosotros mismos, ¿cómo podremos apreciar a los demás? Si dudamos de nosotros mismos, ¿cómo no vamos a dudar de los demás? Si nos juzgamos a nosotros mismos, ¿cómo no juzgar a los demás? Por lo tanto, tenemos primero que aprender a actuar en favor de nosotros mismos, con sinceridad, para poder actuar en favor de los demás. ¿Significa eso ser egoísta? No, eso significa ser sincero. Si nos conociéramos bien, comprenderíamos que la maldad que hacemos a otros es la que nos hacemos a nosotros mismos.

Por eso el mandamiento de Jesús: «Ama a tu prójimo como a ti mismo» (*Op. cit.*, Mateo 22:39). Se sobreentiende que debes amarte a ti primero, y con la medida de ese amor, amar a tu prójimo en absoluta igualdad de condiciones, para que exista un equilibrio que haga la vida brillante y armoniosa.

¿POR QUÉ FRACASAN LAS RELACIONES DE PAREJAS?

*Hay que encender el fuego
en la sala del amor.*

Una relación de pareja que no aprenda a contemplarse y a identificar los detalles en el servicio y el amor, corre mucho riesgo de fracasar. La contemplación permite aislar el mundo de lo que se está contemplando, a la vez que uno mismo se aísla en el proceso. Lo que te lleva a descubrir la belleza escondida detrás de lo cotidiano y el atractivo casi olvidado de los primeros tiempos.

Cuando contemplamos, el alma, el espíritu y el cuerpo físico unen sus ojos y todos sus sentidos en lo que se contempla. Así podemos ver más allá de lo que cualquier otro podría ver fuera de ese proceso. Es la forma en que aprendemos a conocer al otro, a ver sus necesidades, a captar todos los detalles y a obrar sirviendo con amor, en detalles que nunca nadie podría tener con esa persona.

Si no existe ese tipo de proceso en una relación, el amor inicial corre el riesgo de enfriarse y congelarse; en su lugar, echan raíces y crecen las actitudes egoístas y destructivas.

Contemplando a la persona con quien decidiste compartir tu vida, puedes descubrir maravillas que quizá ni ella conoce de sí, pero también puedes conocer sus debilidades e imperfecciones, sus puntos oscuros. Ese proceso te une más a esa persona, porque entonces aprendes a amarla con sus virtudes y sus defectos, y con tu amor, sin darte cuenta, ayudas a neutralizar esas debilidades y defectos.

Además, en medio de la contemplación, te miras en tu persona amada como un espejo y te descubres a ti mismo como realmente eres. Te preguntas: «¿Cómo esa persona puede amarme con estos defectos que tengo?», y ese amor te impulsa a cambiar y a ser mejor.

No permitas que el amor se enfríe ni se congele, aprende con tu pareja acerca de la contemplación. Descúbranse mutuamente, pero no para juzgarse, reprocharse o llenarse de culpa, sino para entregarse en el servicio, en los detalles y en el amor, ese que ilumina y nos hace grandes en la humildad.

Cuanto antes aprendan el arte de contemplarse, mejor.

EL AMIGO Y LA FIDELIDAD

A mis amigos les ofrezco mi casa,
a mis amigos les abro el corazón.

La amistad es una virtud. Un amigo o una amiga es un tesoro de inmenso valor y de gran escasez. La amistad no se encuentra tan sencillamente como toparse con un objeto en la tierra mientras vas caminando. En realidad, es más semejante a una piedra preciosa que se encuentra en lo profundo. Para hallarla, hay que cavar con afanoso trabajo y con mucha paciencia, cuidado y esmero, para conservar sus extremos y los detalles que le dan belleza. Luego de encontrar esa piedra preciosa, después de escarbar la tierra hasta el extremo cansancio, entonces hay que limpiarla y pulirla con amor, cariño, dedicación y entrega.

Amigos siempre se tienen muchos; amigos fieles, pocos,

a veces solo uno. Porque la fidelidad es lo que realmente define la amistad. La fidelidad es esa virtud que tiene el amigo que, en tu presencia o fuera de ella, te defenderá como si se defendiese a sí mismo, y nunca pondrá sus intereses por encima de los tuyos. Siempre estará dispuesto a defenderte con justicia, cueste lo que le cueste, y actuará en todo momento por y para tu mejoría.

Así es la amistad. Es un don precioso del Señor. El amigo fiel se alegra en la alegría del amigo y revela su intimidad poniéndola a los pies del amigo. El amigo fiel comparte sus virtudes con el amigo y disfruta sirviéndole. El amigo fiel no pone bienes materiales por encima del bien de su amigo y estará dispuesto a defenderle hasta con su propia vida.

Por eso el amigo fiel es un apoyo seguro y su valor es incalculable. Es un elixir de vida[3] y te aliviará el dolor con solo saber que está, aunque no lleve tu carga. Te hará todo más liviano con solo decir «Aquí estoy».

El amigo fiel es un gran regalo del Padre, es una expresión genuina de su amor, como una fuente de agua fresca en medio del desierto. A un amigo fiel no se le guardan secretos, porque es bueno tener a quien decir aquellas cosas que solo le dirías a un cuaderno sin vida, que guardas con celo en un baúl cerrado con llave. Por eso al amigo fiel se le comprende, se le perdona si ha cometido algún error, se le escucha y se le corrige con amor si es necesario, pero nunca se le abandona; de lo contrario, se está dejando a un tesoro de incalculable valor.

Para el amigo fiel, el sacrificio por el amigo es alimento para el alma. El amigo fiel prefiere sufrir antes de hacer

---

[3]Ver Eclesiástico 6: 14-17.

sufrir al amigo, y si no puede evitar su sufrimiento, lo comparte y lo hace suyo.

El amigo fiel no espera nada del amigo, pero una pequeña atención, a veces una sola palabra, un efímero saludo o una sonrisa inesperada... Un detalle de cariño le llena de alegría y le es provechoso para su espíritu.

El amigo fiel guarda en su corazón toda la fidelidad que ha mostrado por el amigo, todo lo que ha puesto en riesgo por el amigo, todo lo que ha sufrido por el amigo, todo lo que ha defendido del amigo a sus espaldas, todas las veces que ha servido de escudo del amigo, recibiendo él los golpes. El amigo fiel se la juega por el amigo.

Eso es el amigo fiel: un tesoro de inmenso valor, pero que muchos no logran valorar en su justa dimensión.

LAS HUELLAS QUE DEJÉ

Un solo día de locura
no ha de borrar
las huellas que dejé.

Antes no le daba importancia al legado que uno deja después de morir, porque al final todo se olvida con el tiempo. Mueren los que te conocían, poco a poco también muere tu recuerdo. Por eso me parecía vanidad preocuparse por lo que uno deja después de morir.

Y esto vale para todos, para las personas que han hecho grandes cosas, buenas o malas, y que por ello su memoria permanece en la historia de la humanidad. Al final, ellas también desaparecen, porque esta dimensión en la que nos desenvolvemos es finita, pasajera, algún día dejará de ser.

Lógicamente, eso es así cuando no se tiene un sentido trascendente de la vida: cuando vemos, pero no vemos y oímos, pero no oímos. Cuando creemos que solo aquello que podemos percibir con los sentidos, es decir, con el cuerpo, existe. Al tener esa visión, toda nuestra vida y nuestro ser se encierran en ella, nuestra libertad se ve totalmente limitada, nuestras acciones predecibles, iniciando un proceso de muerte prematura, de vida sin vida y de existencia efímera.

Ante esto, adquiere aún más sentido aquella exhortación de Jesús al joven que quería seguirle, pero primero quería enterrar a su padre: «Deja que los muertos entierren a sus muertos; tú vete a anunciar el Reino de Dios» (*Op. cit.*, Lucas 9:60). Es decir, anuncia la trascendencia de la vida, la Buena Noticia. El sentido de la vida no es morir, pues sería entonces un sinsentido; es vivir, vivir sin límites y sin tiempo: la vida trasciende el tiempo, es eterna.

Pero nuestras acciones inciden en el desenvolvimiento de esa vida que iniciamos en esta dimensión y que está destinada a trascenderla. No solo nuestras acciones, sino también nuestros pensamientos dejan huellas en el universo, el cual se ve influido por ellas todo el tiempo. Si dejas huellas de odio, de violencia, de malas energías, entonces el universo estará respondiendo de igual manera mientras esas huellas existan. Esas respuestas afectarán a los que se quedaron después de ti. Lo mismo, si dejas huellas de amor, misericordia, esperanza, paz, bondad, y alegría, esas huellas también quedarán en el universo y el universo responderá de la misma forma mientras existan.

¿Puedes imaginar cuánta energía negativa han dejado nuestros antepasados en el universo, en la historia de la humanidad? Esas energías no desaparecen solas y actúan consistentemente, se revierten contra la misma humanidad. Pero también han quedado huellas en el universo de alegría, paz, construcción, justicia, sonrisas, solidaridad, misericordia, amor... Esas energías positivas tienden a neutralizar las energías negativas que también han sido dejadas por la humanidad durante su historia.

Ahora, si hacemos una revisión crítica de la historia, podremos constatar que las energías negativas de nuestras acciones han dejado más huellas en el universo que las energías positivas. Si vemos solo el siglo XX, sabemos de dos guerras mundiales, millones de muertos producto de las mismas, sin contar las muchas guerras individuales y civiles que sucedieron. Al referirme a nuestras acciones, hago alusión a las acciones de nuestros antepasados, ya que todas esas catástrofes son el resultado de las huellas dejadas por ellos. Nos corresponde a nosotros intentar dejas más huellas positivas en el universo y así ir neutralizando las negativas que han ido dejando nuestros congéneres en el pasado.

Todo lo que mueve el universo es energía, por lo tanto, las huellas a las que me refiero, también son energía. Los pensamientos que tenemos generan energía que va al ambiente y se queda. Las acciones generan energía que también va al ambiente y se queda. Estas energías son negativas o positivas, entendiéndose por negativas aquellas que hacen daño emocional o material a los demás, las positivas, en consecuencia, son lo contrario. Esas energías negativas acumuladas propician un medio adecuado para que se intensifiquen las acciones negativas de las personas, generando entonces más consecuencias negativas. En ese sentido, si le entregas violencia y destrucción al universo, el universo te devolverá violencia y destrucción, ya sea de manera independiente al ser humano (largas sequías, grandes terremotos, huracanes y tsunamis de grandes proporciones), o por medio del mismo ser humano (guerras, disputas violentas, individualismo, insensibilidad humana, hambrunas, etc.). Si le entregas paz, justicia, construcción, benevolencia, solidaridad, compasión, sonrisas, armonía, convivencia, amor y misericordia, el universo te devolverá lo mismo.

Si la vida trasciende esta dimensión y este universo caracterizado por el espacio-tiempo, como he afirmado, entonces, habrá consecuencias para el ser humano después de la muerte; esas consecuencias dependerán de sus propias acciones durante su permanencia en la tierra.

Después de la muerte física, pasamos a otra dimensión desconocida para nosotros, pero donde, de acuerdo con Jesucristo, el tiempo no existe. En esta nueva realidad, lo que hicimos no pasa desapercibido, porque «con la misma medida que midas, serás medido» (*Op. cit.*, Marcos 4:24). Lo que hagas en esta dimensión, será tomado en cuenta en la próxima, porque tus acciones aquí no te afectan solo a ti, sino que afectan a muchos.

Pero hay una muy buena noticia: podemos contribuir a que la humanidad tenga un futuro más promisorio, y con ello también a tener nosotros una trascendencia en paz cuando nos toque partir de este mundo. Basta actuar con amor y abrirle un espacio para que entre y nos llene, y con ese mismo amor transformador, amar al prójimo y a la creación misma; de ese modo dejaremos sus huellas en el universo, cuando nos toque partir. Mientras más huellas de amor dejemos, más huellas de odio, guerras y destrucción que dejaron otros antes que nosotros neutralizamos, disminuyendo las consecuencias negativas de la reacción del universo respecto a la Tierra, nuestro hogar, y, además, las consecuencias negativas individuales cuando nos toque partir.

Entonces, sí vale la pena pensar en el legado que dejamos después de muertos. Por eso dijo Jesús: «Por lo cual te digo que sus muchos pecados son perdonados puesto que amó mucho. Pero al que se le perdona poco, poco ama» (*Op. cit.*, Lucas 7:47), porque las huellas de mucho amor tienen la capacidad de borrar las huellas de odio y violencia que otros han dejado alguna vez en el universo después de morir.

LA POBREZA NO LA CREÓ DIOS, ENTONCES, ¿QUIÉN LA CREÓ?

Que dónde está Dios, sin Él igual soy,
vaya usted a saber qué pobre soy yo.

Nunca he podido entender ese deseo loco del ser humano de querer acumular bienes materiales muy por encima de su capacidad de gastar, dándose todos los lujos del mundo en mil años de existencia si se le permitiera vivir todo ese tiempo.

¿Cómo es posible que teniendo un horizonte de vida promedio de no más de ochenta años, el ser humano se afane por acumular mucho más de diez veces lo que consumiría en su vida? El proceso de acumular en sí genera inequidad, pero una inequidad equilibrada es necesaria, es decir, que el nivel de acumulación no exagere al punto en que, para conservarlo, haya que someter a una parte de la humanidad a un modo moderno de esclavitud.

No obstante, es curioso que la espiritualidad del ser humano tenga niveles de desarrollo que no le permitan comportarse con los altos estándares con que fue creado. El ser humano fue creado a imagen y semejanza de Dios, es decir que posee, en potencia, todas las capacidades del Creador; pero sin Dios no es capaz de poder desarrollarlas. El equilibrio se rompió en la existencia del ser humano cuando este decidió romper la conexión con Dios y usar su libre albedrío para hacer lo que él creyera que le conviene. Ahí entró el pecado al ser humano y, a través de él, al mundo. El pecado consiste en tener una visión egocéntrica de la vida. Creerse la persona que es el centro de la creación, y que todo cuanto fue hecho debe pertenecerle, aunque para eso tengan que sufrir y morir los demás.

En ese sentido, se crea en el subconsciente del ser humano la siguiente convicción: no soy lo que soy, soy lo que tengo. «Por tanto», piensa, «la vida consiste en acumular todo lo que se pueda, sin importar las consecuencias, pues acumulando dinero y bienes materiales logro lo que quiero y lo más importante: el reconocimiento de la sociedad». Ante tal realidad, el mismo ser humano se dio cuenta de que si no organizaba y ordenaba de alguna manera esos deseos destructivos, terminaría extinguiéndose como especie, porque aplicando sin control la ley del más fuerte, hasta ese que les gana a todos, si está solo, terminaría siendo débil en la naturaleza y moriría.

El problema es que el ser humano decidió organizarse no tomando como base la ley propuesta por Dios (el amor), sino la propuesta por el pecado (el egocentrismo). Así terminaría siempre predominando la ley del más fuerte, pero de una manera organizada que permita prolongar la existencia de la humanidad. Esta forma de organización produjo grupos sociales, unos dominantes y otros dominados, donde los más fuertes se han mantenido acumulando las riquezas, mientras los más débiles pierden bienes y se hacen cada vez más pobres.

Así es como se han venido desarrollando las sociedades del mundo históricamente hasta la actualidad. Impera fundamentalmente el sistema que conocemos como capitalismo, que consiste en una sociedad basada en la propiedad privada sobre los medios de producción. En este tipo de organización se reconoce el capital como generador de riqueza (no al ser humano). Solamente cuando se considera al ser humano como capital se puede decir que este es generador de riquezas; pero el dueño de las riquezas es también el dueño del capital, entonces, el ser humano no puede considerarse capital, porque eso sería esclavitud, y esta supuestamente fue abolida casi en su totalidad en el siglo XVIII.

Bajo esa premisa, mencioné anteriormente que el proceso de acumular en sí genera inequidad, pero una inequidad equilibrada es necesaria, en tanto la espiritualidad del ser humano tenga niveles de desarrollo acorde a los propósitos de su creación. El problema está en que la evolución del ser humano, tanto individual como en sociedad, no apunta hacia un desarrollo espiritual ascendente que le permita trascender la visión material que tiene de la existencia, sino todo lo contrario. Se ha acentuado el afán de lucro y de acumulación de los seres humanos, creando desequilibrios cada vez más peligrosos en las sociedades y en la naturaleza, lo que podría llevar a una crisis sin retorno que termine con la aniquilación de nuestro mundo.

Dios creó la Tierra con todos sus bienes y se la dio al hombre para que viva en ella, la cuide, trabaje y saque de ahí su sustento. En ese sentido, todos tenemos parte de lo entregado por Dios. Tal vez por eso la idea de que a cada cual se le entregue según su necesidad.

Dios no creó al pobre, el ser humano ha generado al pobre y, además, ha generado en él una mentalidad y una cultura de pobreza tanto espiritual como material. No es que el pobre es un santo; se trata de una persona llena de defectos igual que cualquiera de nosotros. Pero el pobre ha sido siempre y es el más débil, por eso necesita atención especial, ser amado y tomado en cuenta, ser valorado y dignificado.

Vale la pena detenerse y reflexionar, más que eso, es necesario contenerse y reflexionar, porque los que acumulan no son felices, entonces, ¿qué sentido tiene acumular sin medida, haciendo sufrir carencias a los menos afortunados?

¡Qué locura! Afanar y acumular para sufrir un vacío interminable dentro, y una sensación de inseguridad permanente. En otras palabras, reír y disfrutar sin ser felices, y a la vez, generar riquezas para crear pobreza, sufrimiento y marginalidad a otros seres humanos.

SALUD EMOCIONAL, PERDÓN Y SOCIEDAD

Muchas veces fallé y fallaste
y hoy quiero perdonar y perdonarme.

En mi experiencia de vida me he dado cuenta de que perdonar las ofensas que recibimos es una de las cosas más difíciles para los humanos. Muchas veces decimos con la boca «Ya le he perdonado», pero en el corazón no se ha materializado el perdón.

Y es que las ofensas son especialistas en hacer heridas emocionales, las cuales son muy difíciles de curar. Eso por un lado, pero también las ofensas por lo general suelen ser humillaciones, que hieren el ego y son aún más difíciles de sanar.

Hay que aprender a perdonar, porque el perdón real y sincero es una medicina para el alma y trae paz interior. Nada hacemos con estar dándole vueltas en la cabeza y sintiendo dolor en el corazón por algo que ya pasó y que no podemos enmendar, es decir, no podemos volver el tiempo atrás para evitar que pase. La solución: perdonar a los demás y perdonarse a uno mismo.

El perdón es un acto de amor, por lo que, además de sanar al perdonado y a quien perdona, también te hace merecedor del perdón de Dios, pues dijo Jesús: «A quien poco se le perdona, poco amor muestra» (*Op. cit.*, Lucas 7:47).

Pero ¿qué es lo que nos impide perdonar con facilidad? Nosotros nos creemos mejores que los demás, juzgamos sin compasión al prójimo y ni pensamos sobre lo débiles y frágiles que somos. Pensamos que merecemos todo y creemos que los demás no lo merecen. Somos egoístas y nos dejamos guiar por sentimientos de superioridad inducidos por nuestro ego hinchado.

Ese comportamiento va más en contra de nosotros mismos que a favor, porque si se trata de esta dimensión en la que vivimos, entonces sufrimos el doble y por largo tiempo las ofensas que recibimos, llenándonos de rencor y sentimientos negativos que nos impiden disfrutar de las bondades de la vida.

El no perdonar también trae consecuencias negativas a la salud de la sociedad. La acción de no perdonar está asociada a la poca o nula disposición que se tenga de comprender. Al ni siquiera intentar comprender las posibles causas del comportamiento ofensivo de la otra persona, entonces se produce una emoción negativa en la víctima, la cual, quizá parcial o totalmente reprimida, produce una herida emocional y sentimientos de rencor, odio y venganza. Poco a poco la víctima se vuelve infeliz, violenta y agresiva, además de que se genera en ella un deseo de venganza que le hace maltratar incluso a quien nada tiene que ver con lo que le pasó. Esto, llevado de lo individual al conglomerado, va produciendo una sociedad de individuos amargados, llenos de impotencia, de violencia reprimida y otros sentimientos que son destructivos, y que incluso son generadores de algunos tipos de delincuencia, violencia e inestabilidad social.

Por eso es importante que se eduque a la gente en la necesidad del perdón, que busquemos comprender las causas de los comportamientos humanos, que aprendamos a ver con amor a los hermanos. De esa manera, en lugar de herir, llevaríamos sanación a los demás y a nosotros mismos.

Las instituciones de la sociedad pueden influir, mediante la educación, a que los individuos tengan una actitud hacia el perdón más que hacia la venganza; pero al final la decisión es personal, y está basada principalmente en la visión y concepción que se tenga de la vida. Y es que cuando nuestra visión no es trascendente y todo termina con la muerte, entonces surge la pregunta: ¿para qué? Esto puede llevar al individuo a tomar posiciones individuales que satisfagan fundamentalmente su ego, y si eso es ser violento y vengativo, pues así será la persona.

Pero si nuestra visión trasciende la vida material, entonces la pregunta ya no es «¿para qué?», sino «¿por qué y cómo?». Por qué suceden las cosas, por qué tal o cual comportamiento, preguntas que te llevan a buscar causas y origen de los fenómenos.

Si hay trascendencia, si hay algo más después de esta vida, ¿cómo puedo alcanzarlo? Esta pregunta lleva al individuo a buscar modos de comportamiento que le permitan seguir existiendo más allá de la muerte, ya que esta es una cuestión fundamental para los individuos con conciencia de que existen.

Para aquellos que han asumido el cristianismo como fe y, por lo tanto, como forma de vida, el perdón tiene sentido trascendente, porque de aquel lado de la muerte se considerará cuánto se ha perdonado en este mundo. «Con la misma medida que midas, te medirán» (*Op. cit.*, Mateo 7:2) y la medida de tu amor, se valorará en unidades de perdón, pues: «quien mucho amó, mucho le será perdonado» (*Op. cit.*, Lucas 7:47).

TODA REALIDAD DEBE ESTAR SUSTENTADA EN LA ORACIÓN

Señor, hoy vengo a tus pies y postrado te entrego todo. Toda mi carga la dejo a tus pies, todas mis iniquidades y mis egoísmos, los dejo ante ti, Señor. Cúrame y lléname de tu Espíritu Santo, de modo que pueda yo anunciar tu Palabra con dignidad, con palabras y con obras. Yo te alabo, oh, Señor, y te bendigo por tu infinita bondad y misericordia. Te agradezco por tu amor y porque con tu vida señalaste el camino de salvación, con tu ejemplo nos enseñaste a amar y a distinguir amor de egoísmo. Gracias, porque con tu muerte nos redimiste y con tu resurrección nos das esperanza de vida, la misma que le diste a Marta cuando le dijiste: «Yo soy la resurrección. El que cree en mí, aunque muera vivirá; y todo el que vive y cree en mí, no morirá jamás» (*Op. cit.*, Juan 11:25). Gracias Señor, porque con tu pasión nos enseñaste a no temer al dolor físico y a la pérdida del cuerpo, sino más bien a la pérdida del alma. Gracias porque no soy digno, sin embargo, me has permitido ver la verdad a tiempo.

Amén.

CANSADO DEL CAMINO

Y caminar contigo,
ir donde Tú me lleves,
hacer nuevos caminos
con tu cruz.

¿Cuántas veces nos hemos sentido cansados del camino? Este paso por el mundo se me parece a un andar permanente por el desierto tras la tierra prometida. A veces miras a tu alrededor y todo es árido, tratas de enfocar la mirada hacia el horizonte buscando señales y solo alcanzas a ver la arena que levanta el viento del desierto. Ni una mínima sombra donde guarecerse, ni una simple manta con la cual protegerse del frío de la noche.

¿Cuántas veces nos hemos sentido cansados del camino? Entonces te preguntas: «¿Para qué?». Y exclamas: «¡Señor, ¿dónde estás?!». Pero nadie responde, sin embargo, una fuerza inexplicable te hace seguir hacia un adelante que no conoces, pero que tu corazón insiste en que allí está **LA PROMESA DE QUIEN SIEMPRE CUMPLE LO PROMETIDO.**

¿Cuántas veces nos hemos sentido cansados del camino? Cuando sientas esto, detente en el «pozo de Jacob», allí está Jesús, también Él descansa del camino. Pídele a

Él que te dé del agua que ha ofrecido a la samaritana, del agua que quita la sed para siempre, del agua de la fuente que brota para la vida eterna (*Op. cit.*, Juan 4:14). ¿Cuántas veces nos hemos sentido cansados del camino?

NO JUZGUES Y NO SERÁS JUZGADO

Qué puedo yo reivindicar,
qué puedo a mi favor hablar,
dime, ¿a quién culparé?

Jesús dice: «No juzgues y no serás juzgado» (*Op. cit.*, Lucas 6:37). Un simple y pequeño consejo, pero cargado de una gran profundidad y enseñanza. Pareciera —y no dudo que así es— que Jesús conoce la historia de todas las personas y sus corazones.

Conoce sus luces y sus tinieblas, sus bondades y sus maldades, sus logros y sus frustraciones, sus penas y sus alegrías, en síntesis, todo. Por eso también conoce las causas del comportamiento de las personas, de dónde viene la crueldad, la dureza de corazón, el egoísmo, los odios y rencores y muchos otros males en el comportamiento humano.

No debemos juzgar, porque todos somos culpables o todos somos inocentes de las acciones del otro. Por eso, cuando los fariseos pusieron a prueba a Jesús llevándole la mujer adúltera y preguntándole cómo proceder con ella, Jesús dijo: «El que esté libre de culpas que tire la primera piedra» (*Op. cit.*, Juan 8:7).

Todos arrastramos las cadenas con las que hemos sido atados y cargados, y contribuimos, sin darnos cuenta, a atar y cargar a los demás con pesadas cadenas. Cuando nos vemos afectados y, a menudo, reflejados por el comportamiento del otro, nuestra respuesta es de condena y rechazo, juzgando implacablemente a la otra persona. Pero se supone que Jesús vino a liberarnos de esas ataduras y nos ha dejado una gran promesa: «El que cree en mí, aunque muera, vivirá; y todo el que vive y cree en mí, no morirá jamás» (*Op. cit.*, Juan 11:25).

Porque esas ataduras y esas pesadas cargas te llevan a la muerte. Una vez Jesús te libera de ellas, simplemente no morirás, sino que vivirás para siempre y serás un ser de luz que irradia su amor en el mundo.

Si eres cristiano, es porque has sido liberado o estás en el proceso de liberación, por lo que tus ojos verán lo que antes no veían. De ser implacable con los demás, serás cada vez más misericordioso, cada vez más difícil de ser herido por el comportamiento del otro, cada vez más comprensivo. Asimismo, de manera natural manifestarás el amor de Dios con tus acciones, y eso irá poco a poco liberando de esas pesadas cadenas a los que han sido tocados por ese amor.

Si todos los cristianos asumieran el comportamiento que propone Jesús se generaría una espiral de transformación social progresiva e indetenible que cambiaría al mundo. Al desamor se responde con amor, y a la falta de confianza, con fe y con obra; de esta forma, si hay luz en ti, ella prevalecerá sobre las tinieblas del mundo.

De un entorno violento a pacífico, de injusto a justo, de tener una gran cantidad de personas marginadas y excluidas a no existir marginación ni exclusión, de tener grandes cantidades de personas sin alimentos a tener una población bien alimentada. De tener millones de enfermos sin posibilidades de atención médica, a tener toda la población con acceso a servicios de salud; de tener millones de desplazados forzosamente, a no tener desplazados; de tener una Madre Tierra que clama a Dios porque el hombre la destruye, a tener equilibrio ecológico y sanidad ambiental.

Hazle caso a Jesús que dice: «Ama a tu enemigo, ora por quienes te maldicen, haz bien a quien te hace mal, sé perfecto como vuestro Padre que está en los cielos es perfecto» (*Op. cit.*, Mateo 5:21-48). Vive la vida y sufre, porque hasta Jesús sufrió, y sé feliz... No juzgues y no serás juzgado.

Si crees, verás la gloria de Dios

El amor todo lo perdona,
el amor todo lo cree.

En ocasión de la muerte de su amigo Lázaro, Jesús llegó a la casa donde este vivía con sus dos hermanas, María y Marta. Luego de encontrarse con ellas e intercambiar algunas frases, Jesús preguntó que dónde lo habían puesto. Una vez frente al sepulcro, ordenó que quitaran la piedra que cubría el hueco. María, la hermana del muerto, muestra indisposición ante tal solicitud: «Señor, ya huele; es el cuarto día». Pero Jesús le dice: «¿No te he dicho que, si crees, verás la gloria de Dios?». Una pregunta retórica que fue avalada inmediatamente con un hecho contundente: la resurrección de Lázaro. La afirmación «Si crees, verás la gloria de Dios» fue dicha de diferentes formas por Jesús en más de una ocasión, dirigiéndose a sus discípulos (*Op. cit.*, Juan 11:28-40).

Pero ¿qué significa creer? ¿Qué poder tan grande tiene la acción de creer, que para quien cree todo es posible? ¿Qué o en quién hay que creer? Creer no es tan simple como la gente piensa, si no, ¿por qué no obtenemos lo que queremos si pensamos que creemos?

No se trata de crear un ambiente donde la gente sea más sensible a las emociones y, en consecuencia, provocar reacciones que aparenten ser producidas por fuerzas sobrenaturales. Jesús dijo: «En verdad os digo: el que crea en mí, hará él también las obras que yo hago, y hará mayores aún, porque yo voy al Padre» (*Op. cit.*, Juan 14:12). No hay que crear escenarios, no hay que tener un proclamador de la palabra que exalte los sentidos —aunque eso no es malo—, simplemente hay que creer.

Tener fe es suficiente para que nada sea imposible. Creer en Jesús y tener fe. Por eso dijo Jesús: «Porque yo os aseguro: si tenéis fe como un grano de mostaza, diréis a este monte: "Desplázate de aquí allá", y se desplazará, y nada os será imposible» (*Op. cit.*, Mateo 17:20).

Pero creer en Jesús no es simplemente decir «yo creo», sino mucho más que eso. Para creer en Jesús hay que estar dispuesto a seguirle, y esto significa negarse a sí mismo y cargar con su propia cruz. Así lo dijo Jesús a sus discípulos: «Si alguno quiere venir en pos de mí, niéguese a sí mismo, tome su cruz y sígame» (*Op. cit.*, Mateo 16:24). Lo mismo que creer en Jesús significa amarle y amarle significa cumplir sus mandamientos: «Si me amáis, guardaréis mis mandamientos» (*Op. cit.*, Juan 14:15).

¿A qué se refiere Jesús con «negarse a sí mismo»? En términos simples, significa estar dispuesto a morir para que el otro viva. Significa disminuir el ego que nos impulsa a creer que somos mejores que los demás hasta su mínima expresión. Significa desterrar el egoísmo de dentro de nosotros y comenzar a ver a los demás como hermanos, como personas que tienen el mismo derecho que nosotros a ser felices. Significa, como mínimo, tratar a los demás como uno quisiera que le tratasen.

No creernos infalibles, sino reconocer nuestras debilidades y tener conciencia de que todos en algún momento pueden fallar y cometer errores terribles. Negarse a sí mismo significa comprender y ponernos en los zapatos del otro en lugar de condenar y juzgar.

Por otro lado, guardar los mandamientos de Jesús significa simplemente amar, pues Jesús resumió toda la ley y los profetas en dos mandamientos:

> Amarás al Señor, tu Dios, con todo tu corazón, con toda tu alma y con toda tu mente. Este es el mayor y el primer mandamiento. El segundo es semejante a éste: amarás a tu prójimo como a ti mismo (*Op. cit.*, Mateo 22:37-39).

Qué significa: ¿Amarás a tu prójimo como a ti mismo? Jesús se refiere en el Nuevo Testamento, no al amor que se define como un sentimiento; sino al amor como ágape. Por ejemplo, la Real Academia Española nos menciona que el amor es: «Sentimiento intenso del ser humano que, partiendo de su propia insuficiencia, necesita y busca el encuentro y unión con otro ser». Ese es el amor que involucra todo tipo de relación afectiva. Del mismo modo, la Real Academia Española define sentimiento como «estado afectivo del ánimo», lo que indica que es cambiante y que depende, entre otras cosas, de las emociones, en consecuencia, se puede afirmar que es pasajero.

Ágape es el término griego que describe un tipo de amor incondicional y reflexivo, en el que el amante tiene en cuenta solo el bien del ser amado. Así, amar al prójimo como a sí mismo es buscar siempre el bien de la otra persona, en la misma proporción que buscamos el nuestro. La práctica de este amor trae como consecuencia una disminución extrema del egoísmo, al que desterramos de dentro de nosotros para cumplir con ese mandamiento, que es semejante al de amar a Dios con todo el corazón, alma y mente.

Vemos que negarse a sí mismo y amar a Dios y al prójimo llevan a un mismo resultado: disminución extrema del egoísmo. En consecuencia, creer en Jesús significa entrar en un proceso de transformación que te lleve a ser una persona nueva, sin egoísmos.

La búsqueda del hombre nuevo ha obsesionado al ser humano históricamente, tanto que, por medios externos a Jesús, ha provocado revoluciones sangrientas que han acabado con la vida de millones de seres humanos, sin haberse siquiera acercado al objetivo.

Para ver la gloria de Dios hay que tener un corazón limpio. Un corazón limpio es un corazón libre de egoísmo en el que ha quedado un espacio para que la luz del amor entre, se refleje y llegue a las demás personas. Es así como la persona ha nacido de nuevo. Eso significa creer: nacer de nuevo como ser humano, y siendo así, no hay ninguna duda: si crees, verás la gloria de Dios.

¿ERES EXPRESIÓN VIVA DEL AMOR DE CRISTO?

Sal afuera a entregar
y a la vez recibir
lo que Dios te quiere dar solo a ti.

Es impresionante descubrir que el lenguaje, las ideas, los conceptos y las acciones de Cristo entran en total contradicción con el comportamiento humano. ¿A qué comportamiento me refiero? Hay un comportamiento común en el ser humano, aquel que le hace buscar todo aquello que él entiende que es bueno para sí, independientemente de si es bueno para los demás. A ese comportamiento le llamamos egoísmo.

Una de las causas por las que el ser humano busca organizarse en sociedad es precisamente para controlar este tipo de comportamiento, ya que, a la larga, destruye también a la persona que lo ejerce de manera no controlada. Más allá de que los seres humanos hayan alcanzado la civilización, la actitud egoísta de los individuos ha sido y es lo que, de alguna manera, ha motorizado el desarrollo económico de las sociedades modernas. En consecuencia, como ha sido el egoísmo el motor de las sociedades como las conocemos hoy, es también el egoísmo el que las llevará hacia su destrucción, afectando también al ambiente en que se han desarrollado.

Todo nuestro comportamiento está pautado por un deseo de satisfacer fundamentalmente nuestras necesidades, sean estas reales o creadas por el mismo sistema. Este afán nos lleva a ser indolentes e indiferentes a las carencias y necesidades de los demás. Es por esta razón que Cristo entra en contradicción con el comportamiento humano, ya que Él viene a proponernos otro tipo de organización social, cuyo desarrollo no esté basado en el egoísmo, sino en el amor, y siendo así, su tendencia no irá hacia la autodestrucción, sino hacia la superación y la trascendencia.

La venida de Cristo, su muerte y su resurrección dan surgimiento a un nuevo comienzo de la historia, estructurado sobre doce columnas que son los doce apóstoles, al igual que como fue estructurado el pueblo de Israel, a los cuales luego se unió un importantísimo pilar: Saulo de Tarso, llamado Pablo. Estos hombres, similar a muchas discípulas directas de Jesús, fueron llamados a ser expresión viva del amor de Cristo, pues el amor, que es Dios[4] es la piedra angular que rechazaron los constructores[5] del nuevo edificio que constituye el pueblo de Dios: su Iglesia.

De ahí que todos los cristianos son llamados a ser expresión viva del amor de Cristo, no hay otra forma de llevar su mensaje a los demás, pues si las palabras no son honradas con los hechos, de nada sirve.

Ser expresión viva del amor de Cristo es mucho más que hablar. Es estar colgado en la cruz y clamar: «Dios mío,

[4]Ver 1 Juan 4:8.

[5]Ver Mateo 21:42

perdónalos porque no saben lo que hacen» (*Op. cit.*, Lucas 23:33). Ser expresión viva del amor de Cristo, es decir: «El que esté libre de pecado que tire la primera piedra» (*Op. cit.*, Juan 8:7). Ser expresión viva del amor de Cristo es comprender y vivir lo que significa: «Misericordia quiero y no sacrificio» (*Op. cit.*, Mateo 9:13).

Ser expresión viva del amor de Cristo es dar de comer al hambriento y de beber al sediento, vestir al desnudo, acoger al forastero, atender y ayudar al enfermo, acudir al necesitado (*Op. cit.*, Mateo 25:35). Es dar hasta que duela y jamás esperar nada a cambio.

Ser expresión viva del amor de Cristo es comprender sin buscar ser comprendido, amar sin buscar ser amado, llevar paz donde no hay, perdón donde hace falta, armonía donde hay caos y luz donde hay oscuridad (Oración de San Francisco de Asís).

Ser expresión viva del amor de Cristo es bendecir a quien te maldice, hacer bien a quien te hace daño y orar por los que te desprecian (*Op. cit.*, Mateo 5:44). Ser expresión viva del amor de Cristo es buscar primero el Reino de Dios y su justicia, y todo lo demás por lo que permanentemente nos afanamos vendrá por añadidura (*Op. cit.*, Mateo 6:33).

Como ven, ser expresión viva del amor de Cristo es llevar una vida activa y contemplativa a la vez. Activa en el servicio a los demás y contemplativa en el inmenso deseo de estar conectado espiritualmente con Dios.

La ofrenda que damos al Señor no es digna de Él si no amamos, pues es imposible perdonar sin amar. La misericordia y el amor van de la mano. La misericordia, el amor y el perdón deben regir nuestras vidas si queremos agradar a Dios.

Estoy convencido de que solamente el amor puede salvar al mundo. El cristiano tiene que llegar a ser expresión viva del amor de Cristo, si no, ¿cómo podrá ser sal de la tierra y luz del mundo?

LA MISERICORDIA EN LA SOCIEDAD

Si hay amor,
hay misericordia.

En el Evangelio de Lucas 6:6 (*Op. cit.*), Jesús enseña a sus oyentes: «Sean misericordiosos como su Padre es misericordioso». Pero ¿cómo entender la palabra misericordia y qué significa ser misericordioso como el Padre? En los siguientes versículos de ese mismo capítulo, Jesús invita a los discípulos a perdonar y dar, y evitar juzgar y condenar. Se intuye entonces que ser misericordioso como el Padre implica mirar al prójimo con amor, un amor que lleva a tener un comportamiento diferente y que te convierte en una persona de paz, llevándote a satisfacer la invitación de Jesús.

El término misericordia significa tener un corazón capaz de asumir la miseria del prójimo, no para quedarse en ella, sino para levantar al prójimo de ese estado. Etimológicamente, esa palabra tiene el siguiente significado: del latín misere (miseria, necesidad), cor, cordis (corazón) e ia (hacia los demás).

Hablar de misericordia es fácil, ser misericordioso no es tan fácil. Esto último requiere voluntad para entrar en el camino del amor, el camino de la entrega, el camino del servicio, el camino de la perfección que Dios quiere para nosotros. Ese es el camino que siguió Jesús en sus tres años de vida pública. Si queremos saber qué es ser misericordioso en la vida cotidiana, solo tenemos que leer los cuatro evangelios (San Mateo, San Marcos, San Lucas y San Juan); allí vemos a Jesús practicando la misericordia.

Como ilustración, solo una cita:

> Los escribas y fariseos le llevan una mujer sorprendida en adulterio, la ponen en medio y le dicen: «Maestro, esta mujer ha sido sorprendida en flagrante adulterio. Moisés nos mandó en la Ley apedrear a estas mujeres. ¿Tú qué dices?»
>
> Esto lo decían para tentarle, para tener de qué acusarle. Pero Jesús, inclinándose, se puso a escribir con el dedo en la tierra. Pero, como ellos insistían en preguntarle, se incorporó y les dijo: «Aquel de vosotros que esté sin pecado, que le arroje la primera piedra».
>
> E inclinándose de nuevo, escribía en la tierra. Ellos, al oír estas palabras, se iban retirando uno tras otro, comenzando por los más viejos; y se quedó solo Jesús con la mujer, que seguía en medio.
>
> Incorporándose Jesús le dijo: «Mujer, ¿dónde están? ¿Nadie te ha condenado?». Ella respondió: «Nadie, Señor». Jesús le dijo: «Tampoco yo te condeno. Vete, y en adelante no peques más» (*Op. cit.*, Juan 8: 3-11).

Ese es un verdadero acto misericordioso, donde está evidente el amor, el perdón, la ausencia de juicio y de condena. Pero somos personas llenas de sentimientos repulsivos y negativos que nos llevan a juzgar y a condenar a todos de manera muy ligera.

Para que la sociedad asuma la misericordia, tenemos primero que asumirla y ser misericordiosos cada uno de nosotros, pues si no empezamos por la unidad, ¿cómo podremos alcanzar el todo?

Para ser personas misericordiosas, primero tenemos que hacer una limpieza del corazón. Debemos curar nuestro corazón enfermo, que ha sido endurecido por el odio, el rencor, la envidia, la impotencia, el egoísmo, las frustraciones y la codicia. Sabemos que todos estos sentimientos llegan a enraizarse en nosotros producto de lo que se ha vivido y lo que se nos ha enseñado durante toda nuestra vida, pero la infelicidad es consecuencia de ellos, mal que nos afecta directamente de manera individual. Pero hay otros males que provocan esos sentimientos y que afectan a la sociedad en su conjunto, como la violencia, el desamor, la desunión, la indiferencia, la delincuencia, la apatía, la soledad, el miedo, el deseo de venganza y la indolencia.

En todos los ámbitos de nuestra sociedad, vemos reflejados esos sentimientos y actitudes negativos destruyendo los valores fundamentales que sirven de sostén a la misma. Por ejemplo, estamos viviendo en una sociedad donde la delincuencia se ha adueñado de las calles. Es un deber de la sociedad enfrentar ese problema de manera enérgica. Ahora, ¿se debe enfrentar con deseo de venganza?

Noto que la frustración y el dolor que produce ser víctima de un acto delictivo hace nacer un intenso deseo de venganza en la sociedad, el cual, con el tiempo, se acrecienta en vez de disminuir. Por eso, cuando es atrapado y condenado un delincuente, hay un sentimiento morboso de alegría y un deseo de que pague por el hecho que cometió, es decir, la sociedad exige prácticamente un ojo por ojo y diente por diente. A la par con eso, tenemos un sistema carcelario brutalmente inhumano que, en vez de rehabilitar al privado de libertad, lo degrada más como ser humano, haciéndolo más peligroso que cuando entró.

La misericordia te invita a ver a tu enemigo como un hermano y a amarlo. ¿Significa esto que el delincuente debe ser absuelto de su delito? No, lo que significa es que la razón por la que este delincuente es privado de libertad no debe de ser la venganza. Más bien, es porque posee una enfermedad que daña a la sociedad, por lo que debe de ser aislado de ella para que su salud sea restaurada.

Y así en cada ámbito de la vida. Eso manda la misericordia. Si analizamos bien, es la sociedad con su estructura de privilegios la que induce a ese mal, entonces, ¿por qué juzgar si al fin y al cabo todo somos culpables?

¿QUÉ QUIERE DIOS DE NOSOTROS?

Mi razón para existir,
tú eres Dios.

Yo diría que Dios quiere que seamos perfectos como Él es perfecto. Lo dice Jesús en Mateo 5:48[6]. Entonces, tendríamos que preguntarnos: ¿a qué perfección se refiere Jesús? ¿Cómo se puede ser perfecto? La respuesta a estas preguntas está también en el capítulo 5 de Mateo, versículos del 33 al 47, pues, previo a dar esa exhortación de ser perfectos como el Padre que está en los cielos, expuso primero este discurso:

> Habéis oído también que se dijo a los antepasados: «No perjurarás, sino que cumplirás al Señor tus juramentos». Pues yo os digo que no juréis en modo alguno: ni por el Cielo, porque es el trono de Dios, ni por la Tierra, porque es el escabel de sus pies, ni por Jerusalén, porque es la ciudad del gran rey. Ni tampoco jures por tu cabeza, porque ni a uno solo de tus cabellos puedes hacerlo blanco o negro. Sea vuestro lenguaje: «Sí, sí», «no, no»: que lo que pasa

[6]«Vosotros, pues, sed perfectos como es perfecto vuestro Padre celestial» (Biblia de Jerusalén, 2007, Mateo 5:48).

de aquí viene del Maligno. Habéis oído que se dijo: «Ojo por ojo y diente por diente». Pues yo os digo: no resistáis al mal; antes bien, al que te abofetee en la mejilla derecha ofrécele también la otra; al que quiera pleitear contigo para quitarte la túnica déjale también el manto; y al que te obligue a andar una milla vete con él dos. A quien te pida da, y al que desee que le prestes algo no le vuelvas la espalda. Habéis oído que se dijo: «Amarás a tu prójimo y odiarás a tu enemigo». Pues yo os digo: amad a vuestros enemigos y rogad por los que os persigan, para que seáis hijos de vuestro Padre celestial, que hace salir su sol sobre malos y buenos, y llover sobre justos e injustos. Porque si amáis a los que os aman, ¿qué recompensa vais a tener? ¿No hacen eso mismo también los publicanos? Y si no saludáis más que a vuestros hermanos, ¿qué hacéis de particular? ¿No hacen eso mismo también los gentiles?[7]

De modo que no tenemos excusas. Jesús no solo lo ha dicho todo, sino que lo llevó a cabo en vida, mientras estuvo entre nosotros. ¿Sabes lo que es la Gracia de Dios? Es la manifestación permanente del infinito amor que Dios tiene para con nosotros, expresado en el sacrificio que hizo su único hijo, Jesucristo, muriendo en la cruz en ofrecimiento al Señor, como oblación por nuestros pecados. Dios quiere que te salves, reconociendo la verdad y viviendo en ella y por ella, por eso se hizo hombre encarnándose, convirtiéndose en camino, en verdad palpable y en vida rica y abundante, para que tú llegues a Él. Es la razón por la que

[7]Op. cit.

Jesús manifestó: «**YO SOY EL CAMINO, LA VERDAD Y LA VIDA, NADIE VIENE AL PADRE SINO POR MÍ**» (*Op. cit.*, Juan 14:6).

¿ESTOY PREPARADO PARA MORIR?

Seguirte siempre hasta morir
y con tu amor saber amar.

Es saludable siempre hacerse uno esa pregunta de tiempo en tiempo. La muerte, cuando llega, no espera, tampoco pide permiso, llega y como estés tienes que recibirla. Por eso es bueno interrogarnos, indagar si estamos preparados para recibir la muerte.

«Que la muerte nos agarre confesados» tiene mucho sentido. Aunque hay personas que no creen más que en el mundo material, aparentemente la muerte no les preocupa. Está demostrado que esas personas tienen una agonía mucho más angustiosa que los creyentes[8].

La confesión es importante, pero también la conversión, porque, como dice el Libro de los Proverbios 28:13 (*Op. cit.*): «El que oculta sus delitos no prosperará, el que los confiesa y cambia, obtendrá compasión». Ahí está la

[8]Véase Fonseca Canteros, Marcelo. (2016). Importancia de los aspectos espirituales y religiosos en la atención de pacientes quirúrgicos. Revista chilena de cirugía, 68(3), 258-264 y Tenjo Cogollo, M. (2018). Acompañamiento a enfermos de difícil cura a partir de Lc 23,39-43. Theologica Xaveriana, 68 (186).

clave: confesar los delitos y cambiar. La confesión no tiene ningún efecto si, saliendo del confesionario (para los que profesamos el catolicismo) o terminada la autoevaluación de conciencia y el reconocimiento de la falta ante Dios, ya estamos cometiendo el mismo pecado y otros peores. Así no se vale.

Es necesario comprometerse a cambiar por amor a Cristo, quien lo entregó todo por nosotros, buscar la conversión, entrar en ese camino de transformación sin miedo, pidiendo siempre el auxilio del Espíritu Santo. También es importante, cuando sea posible, resarcir el daño provocado a la persona contra quien se cometió el pecado. Recuerdo una historia que narra un hecho atribuido a San Felipe Neri (Quero, s.f.):

> Una señora tenía la costumbre de irse a confesar donde él y casi siempre tenía el mismo pecado del que confesarse: el de calumniar a sus vecinos. Por ello, San Felipe, le dijo: «De penitencia vas a ir al mercado, compras un pollo y me lo traes. Cuando vengas lo vas desplumando, y echas las plumas al suelo conforme caminas por la calle».
>
> La señora pensó que esta era una penitencia rara, pero deseando recibir la absolución, hizo conforme se le había indicado y por fin regresó donde le esperaba San Felipe: «Bueno, Padre, he completado mi penitencia». Y le mostró el pollo desplumado.
>
> —Todavía no la has completado —le dijo el Santo—. Ahora regresarás al mercado y en el camino recogerás todas las plumas y las pondrás en una bolsa. Y luego me buscas con la bolsa.

—¡Pero eso es imposible! —lloró la señora—. ¡Esas plumas deben de haber volado por toda la ciudad!

—Es cierto —replicó el Santo—. Ahora aprende tu lección: tienes menos posibilidades todavía de recoger las patrañas que has dicho sobre tus vecinos.

Hacer un ejercicio de mirarse al interior y evaluar nuestras acciones, independientemente de las creencias religiosas que se tengan o no, sería muy saludable para mejorar la convivencia entre los ciudadanos de una sociedad en tiempos tan difíciles como los que estamos viviendo. Reconocer que nuestras acciones afectan definitivamente, ya sea en bien o en mal a otras personas, y que viviendo todos en un mismo entorno, al final estas terminan afectándonos a nosotros mismos de manera directa o indirecta.

La felicidad individual no existe. El ser humano siente una alegría de procedencia desconocida cuando contribuye con el bienestar de otros, del mismo modo, cuando en lugar de un bien, hace mal al prójimo, el resultado es malestar y falta de paz interior.

Dentro de una visión transcendental de la vida, la pregunta sobre el destino del ser humano después de la muerte siempre ha sido fundamental para dar respuesta a la importante problemática existencial: ¿cuál es la razón para vivir? La respuesta a esa pregunta ha trascendido el aspecto material y ha supuesto la existencia de un ser superior al que llamamos Dios. Y ha sucedido así porque el ser humano, creado a imagen y semejanza de Dios[9], tiene la capacidad de raciocinio y conciencia, y se da cuenta de que existe.

[9]Ver Génesis 1:26.

Con esas características, es lógico que le surja la pregunta: «¿Para qué existo?».

Es que existir para enfrentar toda una serie de dificultades, situaciones dolorosas, luchar para vivir, acumular bienes materiales para después enfrentarse a una muerte ineludible, no tiene ningún sentido. Por eso el ser humano busca una razón de la existencia, y esa razón debe llevarlo a una respuesta trascendente.

La llegada de Jesús a este mundo, su vida pública, su muerte y su resurrección en sí constituyen una respuesta a esa cuestión. Jesús vino anunciando una buena noticia: Dios es real, existe y es cercano y misericordioso, Dios es Padre. Esa es la primera buena noticia, la segunda y no menos importante: hay Vida Eterna. Ese fue el maravilloso anuncio que vino Jesús a traernos, vino además a enseñarnos qué hacer para alcanzar esa Vida Eterna[10].

Para que la gente no dudara, durante su vida realizó muchos prodigios y milagros, algunos de los cuales se encuentran en el capítulo ocho del Evangelio de San Marcos. Pero, sin lugar a dudas, el culmen de los acontecimientos milagrosos que realizó fue su propia resurrección, hecho narrado en los cuatro Evangelios Canónicos: San Mateo, San Marcos, San Lucas y San Juan.

El camino de perfección que vino Jesús a enseñarnos es aquel que nos lleva a no ofender a Dios, Padre de todos nosotros. Pecar es ofender a Dios. No ofendemos a Dios cuando obedecemos sus mandamientos. Jesús dijo que toda la Ley y los profetas están contenidos en dos mandamientos: Amarás al Señor tu Dios, con todo tu corazón,

[10]Véase El Sermón de la Montaña (Mateo 5).

con toda tu alma y con toda tu mente. Este es el primer mandamiento. El segundo es semejante a este: Amarás a tu prójimo como a ti mismo (*Op. cit.*, Mateo 23: 37-39). La Vida Eterna prometida por Jesús a los que crean en Él, es la trascendencia de este mundo material, pues para alcanzarla hay que morir con la muerte material que todos conocemos.

En Occidente predomina la religión cristiana, la cual llama pecado a todo comportamiento que ofende a Dios. De acuerdo con el Evangelio, cuando hacemos daño a cualquier persona, sea esta creyente o no, estamos haciendo un daño a Dios que ha sido su creador. Este Evangelio propone el amor como respuesta a los problemas del ser humano, en contraposición al pecado.

En ese sentido, los pecados son delitos que cometemos contra Dios cuando faltamos a su Ley. La Ley de Dios es el amor, en consecuencia, cometemos delito contra Dios cuando obramos sin amor, porque así siempre hacemos daño a alguien. De modo que es bueno preguntarse si estamos preparados para morir, porque no sabemos cuándo nos llegará el turno, y la buena noticia es que, para estar preparado para morir, no hay necesariamente que ser perfecto o santo, pero sí haber entrado en el camino de la perfección en Dios, en el camino de la santidad.

BIENAVENTURADOS LOS POBRES DE ESPÍRITU

Tú eres vida en mi existir,
tú eres Dios.

Cuando he repasado cada etapa de mi vida, me he dado cuenta de que he sido un pobre. Pero no se trata de pobreza material ni de pobreza mental, tampoco espiritual. A pesar del ego, he sido un pobre de espíritu.

Un pobre de espíritu es como el viento: lo sientes, pero no sabes de dónde viene ni a dónde va. Un pobre de espíritu se deja llevar, es quien está vacío de sí mismo.

No es malo ser pobre de espíritu. Jesús les llama «bienaventurados» a los pobres de espíritu[11] y la promesa es bien atractiva: de ellos es el Reino de Los Cielos. El asunto es si es suficiente estar vacío de sí mismo, porque también es peligroso hacerlo sin saber quién va a llenar ese vacío.

Pues resulta que no siempre huimos de Dios por soberbia, a veces huimos por ignorancia, y cuando eso pasa, somos presas de cualquier propuesta centrada únicamente en el ser humano, sin tomar en cuenta el aspecto divino y

[11]Véase Mateo 5.

trascendente del mismo, con tal de llenar ese vacío. Entonces, el resultado es que estás lleno de eso para lo que no fue destinado tu ser y, a pesar de estar lleno, te sientes vacío; en consecuencia, viene la frustración y con ella una serie de sentimientos negativos que te abaten. Así es como muchos buscan la alegría exterior y la enajenación como forma de evadir la realidad que están viviendo.

En cambio, otros se vuelven a sí mismos con mirada inquisidora, queriendo encontrar la verdad. Es un proceso doloroso, sobre todo el primer encuentro con la verdad, pero después del dolor viene lo que todos buscan: la felicidad. El objetivo es hacerse de nuevo pobre de espíritu, vaciarse de sí mismo, llegar al vacío total, para que entre de manera definitiva quien es, por derecho de autor desde el principio de los tiempos, dueño y Señor de ese espacio: el Amor.

El Amor es luz, y por ser luz, ilumina. Esa es su naturaleza, abarca todo el espacio y lo hace resplandecer. Todo queda revelado ante la luz, todo queda en plenitud. Colma de energía hasta el más recóndito lugar de tu interior eliminando todo vestigio de oscuridad. De esa manera, el Amor te hace pleno y feliz, te transforma y capacita para hacer llegar su luz a los demás.

¿Significa eso que tus emociones desaparecerán, que te convertirás en una especie de robot humanoide al cual no le afectarán las acciones de los demás, que no tendrás sentimientos de ningún tipo, que serás infalible, que ni siquiera caídas circunstanciales tendrás, y andarás por las calles con una sonrisa de maniquí dibujada en el rostro? No. Serás como cualquier ser humano, con un determinado carácter en mucho influido por realidades que no dependen de ti. Tendrás la sensibilidad para la cual fuiste diseñado por tu Creador, sentirás dolor y penas, emociones negativas y positivas.

Entonces, vale la pena preguntarse cuál será la diferencia. Siendo igual a los demás, ¿cuál será la contribución a la sociedad, al mundo, al Reino? La diferencia es que ya pasaste a ser bienaventurado, ya irradias una energía transformadora, ya no eres indiferente, ya asumes con pasión el servicio gratuito a los demás.

Ya sonríes y tu sonrisa contagia; ya hablas y tu hablar convence; ya te compadeces del dolor ajeno y ejerces la misericordia; ya tus acciones transforman; ya empiezas a ser aquella pequeña palanca que con un simple giro ha encendido el motor que permite que uno, poco a poco, se convierta en todos, y todos poco a poco se conviertan en uno, transformando el mundo, construyendo el Reino.

La diferencia es que aquel vacío que tenías ha sido ocupado por el Amor, que, de acuerdo a la primera carta del apóstol Juan, es Dios, y con base en la doctrina del Dios uno y trino, es Espíritu Santo también, y te ha capacitado para ser libre. Te ha capacitado para dominar todas las sensaciones, sentimientos, emociones y deseos, haciéndolos coincidir con la voluntad de Dios. De esa manera, se cumple la promesa de la bienaventuranza en Mateo 5:3 (*Op. cit.*): «bienaventurados los pobres de espíritu, porque de ellos es el Reino de Los Cielos».

¿VIVIMOS EL TIEMPO DEL ANTICRISTO?

Hoy reconozco que tú eres Dios,
que sin ti soy nada.

Vivimos en un mundo donde todo se hace esperando recibir algo a cambio. Las relaciones humanas se han convertido en relaciones por conveniencia, lamentablemente. La sociedad moderna ha convertido en un valor de primer nivel la capacidad de competir y vencer para ser mejor.

Los seres humanos de hoy están siendo educados para sentirse y creerse autosuficientes, capaces de romper por su propio esfuerzo todo tipo de barrera que les impida alcanzar los méritos que el mundo considera para llegar a ser importantes. Uno de los parámetros que más se toma en cuenta para evaluar la importancia y el valor de una persona es la cantidad de bienes materiales que ha logrado acumular, y que le permite vivir sin límites desde el punto de vista material.

Como dijo un reconocido cantautor español en una de sus canciones: «Cuanto tienes, cuanto vales», esa es la realidad de nuestro mundo de hoy. Lógicamente que en una realidad como esa se disfrazan de valores los antivalores, y las relaciones humanas se vuelven de interés comercial. Por eso vemos las redes sociales llenas de publicaciones que invitan a alejarse de personas que «no aportan nada a tu vida», personas que están padeciendo situaciones difíciles que les han robado la sonrisa y la alegría de vivir; de esas, la sociedad te dice: «Apártate de ellas».

Personas que por alguna razón han mostrado un temperamento difícil, que a veces ni ellos mismos se dan cuenta de lo pesado que es. Esas personas que han etiquetado como «tóxicas», la sociedad te dice: «Aléjate de ellas».

Personas marginadas que el mundo ha llevado con su sistema excluyente a la marginalidad, que viven de lo poco o mucho que pueden obtener día a día, que no tienen un techo donde guarecerse, que duermen donde les encuentre la noche... la sociedad te dice: «Apártate de ellas».

Incluso aquellos que te cuidaron con amor y esmero, que sacrificaron muchas satisfacciones de índole material, que trabajaron duramente para darte lo que tienes hoy, que siempre estuvieron dispuestos a darlo todo por ti y a quienes por mucho tiempo llamaste papá y mamá... cuando envejecen y ya no te aportan «nada», la sociedad te dice: «Apártate de ellos».

Y en ese afán de querer llegar a objetivos sin sentido, que dan mucha satisfacción al cuerpo y mucha alegría superficial y temporal, se va creando la sociedad de los muchos que están juntos, pero solos, de los amigos enemigos y de las parejas sin estrechos lazos que perduren y trascienden. Es la sociedad que representa con mayor crudeza la negación de Dios, la sociedad del anticristo y que forma a sus miembros en esa cultura anticristiana. Es la sociedad del anticristo, porque Cristo predicó y vivió el amor verdadero, mientras que ahora se predica el desamor vestido de amor.

Pero no todo está perdido, afortunadamente. Y es así porque, aunque parezca que no, hay personas que tienen una llama encendida dentro que les dice: ese no es el camino, porque ese camino lleva a la muerte definitiva; el camino es el amor. Y esas personas van contracorriente y se dedican a mostrar el amor con hechos y a llevar luz con ese amor a los que andan en la oscuridad, guiándose por luces de bengala, que de repente se apagan dejando todo en oscuridad.

Y una de las formas más palpables de iluminar y tocar los corazones apagados con ese amor es el servicio. Pero no siempre el servicio refleja el amor. ¿Cuándo se sirve con amor? Viendo la forma en que Jesús vivió y sirvió se revela la respuesta a esa pregunta. Por ejemplo, cuando el centurión romano le pidió el servicio, Jesús no le puso ninguna condición, ni tampoco se puso a evaluar si era romano o judío, si era rico o pobre, creyente o no creyente, simplemente fue suficiente que el centurión le pidiera el servicio[12]. Otro ejemplo: la curación del leproso. Bastó con que el leproso le dijera: «Señor, si quieres puedes limpiarme, para que Jesús reaccionara diciendo: «Quiero». Ahí no hubo condiciones ni se hizo Jesús de rogar, fue suficiente con que el leproso le pidiera el servicio y nada más[13].

Así hay en los evangelios infinidades de ejemplos. El servicio es una forma práctica de revelar el amor en la realidad, es una forma de vivir el amor y, a su vez, que las personas tengan experiencia de ese amor, pero todo va a depender de la manera en que el servicio se haga. Si el

[12]Véase Mateo 8:5.
[13]Véase Mateo 8:1.

servicio se hace poniendo condiciones, entonces ya no es amor, lo mismo si se hace averiguando si la persona merece o no el servicio. Para que el servicio sea agradable a Dios y tenga méritos ante Él, tiene que hacerse de acuerdo a los criterios del amor.

Los criterios del amor son los que se describen en Corintios 13:

> «El amor es paciente, amable, no es envidioso, no es jactancioso, no se engríe, no busca su interés, no se irrita, no toma en cuenta el mal, no se alegra de la injusticia; se alegra con la verdad, todo lo excusa, todo lo cree, todo lo espera, todo lo soporta»[14].

La sociedad moderna está enferma, pero no es incurable. Basta con dejarse seducir por el amor y permitir que nos llene, venciendo el egoísmo que nos hace creer que poseyéndolo todo estamos a salvo, cuando es lo contrario. Cuando abrimos el corazón al amor, se lo abrimos a Dios, porque Dios es amor.

Construyamos una sociedad moderna diferente, donde el centro sea Dios y en Él, el ser humano; donde el motor no sea la competencia sino la solidaridad; donde no predomine el odio sino el perdón; donde no prevalezca la venganza sino la misericordia; donde no predomine el rechazo sino la acogida; donde no predomine la maldad sino el amor.

---

[14] *Op. cit.*

«¿PARA QUÉ OS SIRVEN LOS OJOS SI NO VEIS, Y LOS OÍDOS SI NO OÍS?»

Y con tu luz yo pueda ver
y junto a Ti resucitar.

Hay maravillas del Señor que se guardan en el corazón, pero hay maravillas del Señor que no caben en el corazón, ni en el alma, ni en la razón. Por consiguiente, esas maravillas son imposibles de guardar, ellas mismas salen independientes de ti, se proclaman, se anuncian y se dan a conocer, porque son el reflejo de Dios Padre.

Por eso, en el Evangelio de Marcos 8:14-21, Jesús pregunta a los apóstoles: «¿Para qué os sirven los ojos si no veis, y los oídos si no oís? A ver, ¿cuántos cestos de sobras recogisteis cuando repartís cinco panes entre cinco mil? ¿Os acordáis?»[15]. Porque habiéndoles Él mostrado la gloria de Dios hacía apenas pocas horas, escucharon y vieron con oídos y ojos terrenales. No fueron capaces de ver al Padre revelado en las maravillas que habían visto, incluso ya lo habían olvidado. Sus corazones y sus mentes estaban amarrados en dudas y prejuicios.

---

[15] *Op. cit.*

Nos pasa a nosotros permanentemente en todos los aspectos de la vida: en nuestro comportamiento como individuos, en nuestra relación con los amigos, con la familia, en nuestra relación de trabajo, de pareja, con la sociedad, con la naturaleza y en nuestra relación con nosotros mismos. En frente de nosotros está la vida, pero no la vemos: la miramos, la dejamos pasar y no nos damos cuenta de que se nos va. Tenemos ojos para ver, pero no vemos: vamos ciegos y ciegos caminamos guiados por gente que también está ciega. Tenemos oídos para oír, pero no oímos: caminamos como zombis en medio del bullicio y la algarabía vana.

Así acontece, aunque la Verdad fue revelada y la Luz se hizo presente en el mundo, para que nosotros los seres humanos podamos ver, oír y ser verdaderamente libres[16]. Entonces, cabe preguntarse qué ha pasado. Si la Luz se hizo presente y la Verdad fue revelada, ¿por qué seguimos como ciegos y encadenados?

Cuando la Luz se hizo presente, a una gran parte de los seres humanos no les pareció conveniente ni agradable, porque revelaba lo que ellos no eran, pero que creían ser; ponía al descubierto su interior, el cual querían ocultar, porque estaba lleno de inmundicias y vacío de pulcritud y belleza. Entonces tuvieron miedo y afanosamente quisieron hacer desaparecer esa Luz a como diera lugar. Pusieron en movimiento coordinado toda la malicia de sus corazones, tramaron trampa tras trampa, pero nunca pudieron apagarla, sino hasta que fue el tiempo para que esa Luz se apagara por tres días y luego volviera para ya no apagarse jamás.

[16]Juan 1:9 (Op. cit.) dice: «La Palara era la Luz verdadera que ilumina a todo hombre que viene a este mundo».

Es así como esa Luz indeleble, infinita y eterna quedó para siempre en los corazones de los elegidos, para que estos, a través de los siglos, la propagaran de corazón en corazón a todos aquellos que estén dispuesto a tener ojos para ver. Igual pasó cuando la Verdad fue revelada, porque la Luz y la Verdad son y están en una misma persona, y esa persona es el Hijo, la Palabra con la que todo fue hecho (*Op. cit.*, Juan 1:1-3), la cual se hizo carne y «habitó entre nosotros» (*Op. cit.*, Juan 1:14), y en ella fue revelada la Luz y la Verdad.

Esa Verdad también fue ocultada por tres días, los mismos tres días que fue ocultada la Luz, pero al tercer día quedó revelada para siempre y colocada en el corazón de los elegidos, para que estos la dieran a conocer a todos aquellos seres humanos que estuvieran dispuestos a oír, porque viendo y oyendo, serían libres y vivirían para siempre.

Pero vemos con tristeza, mas no sin esperanza, que el mundo de hoy sigue dirigido por guías ciegos y sordos, con visión corta y aliento lleno de calamidades, muertes y olores repugnantes de maldad infinita. Sin embargo, existe toda una fuerza creciente de personas que han logrado escapar de la mentira y han arriesgado lo que ese mundo les ofrece, a cambio de la libertad que les otorga la Luz y la Verdad, que son fuente de la verdadera Vida que dura para siempre.

De modo que aprendamos a ver y a oír las maravillas del Señor, porque muchas de ellas se autoproclaman, se anuncian solas, independientes de nosotros, revelando la grandeza, el amor y la misericordia del Padre, para que seamos libres conociendo la Verdad y caminando con la Luz que lleva a la Vida. Así no nos dirá Jesús: «¿Para qué os sirven los ojos si no veis, y los oídos si no oís?».

LA MARAVILLA DE LO QUE EXISTE REVELA AL PADRE QUE LO CREÓ

La creación
es obra de tu virtud.

No hay forma de ver al Padre sin estar conectado con su creación. De alguna manera, todo cuanto ves en la naturaleza te habla de Dios, porque toda la creación es una expresión de su ser.

Cuando nos relacionamos con la creación de Dios, de alguna manera también nos estamos relacionando con Él. Si nuestra relación con su creación es de indiferencia o de violencia, entonces así mismo es nuestra relación con Dios.

Todo eso refiriéndose a la creación en sentido general; pero el ser humano es el culmen de la creación de Dios, y fue hecho a imagen y semejanza de Dios mismo, soplando sobre él espíritu de vida.

Es lógico que el tipo de relación que tengamos con nuestros semejantes habla mucho del tipo de relación que tenemos con Dios Padre. Por eso dice 1 Juan 2:9: «Quien dice que está en la luz y aborrece a su hermano, está aún en tinieblas. Quien ama a su hermano permanece en la luz y no tropieza».[17] También asevera: «Si alguno dice: "Yo amo a Dios" y odia a su hermano, es un mentiroso; pues quien no ama a su hermano, a quien ve, no puede amar a Dios, a quien no ve» (*Op. cit.*, 1 Juan 4: 20).

Del mismo modo se expresa el Padre Ignacio Larrañaga en su libro *El silencio de María* (2005), cuando dice:

> El trato con Dios que no lleve a la comunión con los hombres es una simple evasión en la que, sutilmente, la persona se busca a sí misma. Tiene que haber un perpetuo cuestionamiento entre la vida con Dios y la vida con los hombres, que deben combinarse integradamente condicionándose mutuamente, sin dicotomías. [...] El Señor siempre desinstala y conduce a sus amigos al compromiso con sus semejantes (p. 98).

De modo que nuestro Padre Dios se relaciona Él individualmente con cada uno de nosotros y le encanta que nosotros nos relacionemos íntima e individualmente con Él en la oración personal, de corazón a corazón y de alma a alma.

Pero ahí afuera está su creación y están nuestros hermanos, ¿acaso no mentimos si decimos que amamos a Dios y no los amamos a ellos? Y en cuanto a todo lo creado, ¿cuál y cómo es nuestra relación?

Vivir una vida sumida en una carrera desenfrenada hacia la nada, no solo es triste y trágico, sino que es una vida sin esperanza, donde la felicidad es una palabra hueca que resuena en nuestro interior como un cántaro vacío. Y esa misma vida sin sentido es la que nos lleva a existir teniendo

---

[17] *Op. cit.*

una relación destructiva con todo lo creado y con nuestros hermanos, pues es vida con muerte anunciada, que invita a disfrutar sin límites y sin importar las consecuencias.

Muchos que dicen tener una relación con Dios, que incluso van regularmente a la Iglesia y le rinden culto, llevan ese estilo de vida; pero resulta que se hacen daño a sí mismos. A la vez, le hacen daño a los demás al alejarlos de la verdad de Dios.

Nuestro Padre no está oculto, tampoco es invisible, sino que se revela en su creación y le gusta manifestarse a través de sus hijos, los seres humanos, para que su luz llegue a todo el que no le conoce y su amor toque todos los corazones afligidos. Y para que no haya dudas, hace poco más de dos mil años se hizo carne y habitó entre nosotros, reveló su rostro en el Hijo y dejó su impronta de amor en el mundo, trazando el camino de la liberación total y la felicidad plena, para que tengamos en quién y en qué creer, y aprendamos a vivir en plenitud para siempre.

BIBLIOGRAFÍA

- Biblia de Jerusalén, 2007. Editorial Desclée De Brouwer S.A. Bilbao. https://www.bibliacatolica.com.br/la-biblia-de-jerusalen
- Fonseca Canteros, Marcelo. (2016). Importancia de los aspectos espirituales y religiosos en la atención de pacientes quirúrgicos. Revista chilena de cirugía, 68(3), 258-264. https://dx.doi.org/10.1016/j.rchic.2016.03.011
- Larrañaga, I. (2005). *El silencio de María*. Lima: Las Paulinas.
- Quero, Q. (s.f.). *Esta es la penitencia que ninguno quiere que un sacerdote le imponga*. From Pildorasdefe: https://www.pildorasdefe.net/aprender/fe/penitencia-confesion-catolico-impone-sacerdote
- Real Academia Española. (s.f.). Sentimiento. En Diccionario de la lengua española. Recuperado en 23 de diciembre de 2022, de https://dle.rae.es/sentimiento?m=form
- Tenjo Cogollo, M. (2018). Acompañamiento a enfermos de difícil cura a partir de Lc 23,39-43. Theologica Xaveriana, 68(186). https://doi.org/10.11144/javeriana.tx68-186.aedc

SOBRE EL AUTOR

César Alejandro Aybar Batista es máster en Ciencias, con especialidad en Química Orgánica por la Universidad Estatal de Moscú. Posgrado en Gerencia de Proyectos Agroindustriales del Instituto Latinoamericano de Fomento Industrial adscrito a la Universidad de Costa Rica. Actualmente, es Gerente General de la empresa Vegetales Caribbean S.R.L.

Ha publicado alrededor de cien artículos de opinión en diferentes medios de comunicación dominicanos, entre ellos, Acento, Periódico El Día, Telescopiodigital.com y Almomento.net. Se mantiene escribiendo para estos dos últimos. También, ha publicado artículos y reportajes de interés agroindustrial y científico en diferentes medios de circulación nacional, como Listín Diario, Periódico Hoy, El Diario Libre, El Nacional, La Información de Santiago y El Constituyente de San Cristóbal.

Es católico y miembro del Ministerio EFFETÁ, en el que forma parte del Consejo y es encargado de formación desde el 2018. Se congrega en la Parroquia San José de Calasanz, Santo Domingo, D.N.

Ha escrito más de un centenar de canciones y otros tantos poemas. En el año 2018 presentó su concierto *Entre Amigos*, donde dio a conocer catorce de sus composiciones.

BIENETRE
EDITORIAL

www.ingramcontent.com/pod-product-compliance
Lightning Source LLC
LaVergne TN
LVHW091050150826
845673LV00002B/532

* 9 7 8 9 9 4 5 6 3 6 7 5 8 *